「負動産」時代の危ない実家相続

知らないと大損する38のポイント

相続・不動産コンサルタント／ファイナンシャルプランナー
藤戸 康雄 FUJITO, Yasuo

はじめに

現在、日本全国で約８２０万戸ともいわれている「空き家」が大変な社会問題としてクローズアップされています。先祖代々の愛着ある「実家」、あるいは、自分の親が汗水たらして働いてやっとの思いで手に入れた夢のマイホームであった「実家」が、相続がうまくいかなかったり、税金の問題や管理の問題があったりで、「ほったらかしの空き家」になってしまっているのです。

日本の人口減少のスピードが加速し、ましてや超高齢社会と結婚数の減少など、「世帯数が減少する傾向」も顕著になっています。15年後には3戸に1戸が空き家になる、という警告もあります。わが国は「住宅過剰社会」に突入したといえるでしょう。

さらには、日本全国に九州の面積を超す広さの「所有者不明」の土地があるといわれます。長年相続登記されず所有者が分からなくなった土地です。

はじめに

資産価値はないのに税金や維持管理費だけがかかり続ける実家（住宅）や土地は、もはや不動産ならぬ「負動産」と呼ばれています。

本書は「現実の不動産市場」を前提に書いた「実家相続」の本です。

不動産市場激変の時代には、マーケットという肝心の視点がなければ、選択を誤ります。実家相続を法や制度だけをもとに解説した本はありますが、市場のリアリティーを前提にした本はこれまでありませんでした。

２０２０年に東京オリンピックを控えて、「アベノミクス効果」や「インバウンド需要」といわれる海外からの観光客が押し寄せている東京や大阪の中心部では、不動産市場が活況を呈しています。その一方で、東京でも大阪でも空き家が増え続けている現実を直視しなければいけません。不動産の価値の先行きは不透明極まりない状況になっているのです！

私はバブル崩壊後二十数年間にわたり、ファイナンシャルプランニングや不動産コンサルティングの見地から、日本の不動産市場の変遷を現場で見てきました。トータルな視点で「現実」

をお伝えし、その対処を助言します。

少し前までは遺産相続をめぐる争いのことを「争続」といわれることが多かったと思います。争続とは、親の財産をめぐって子どもたちが「取り合い」をする醜い争いのことを表現したわけですが、この不動産（負動産）をめぐる相続争いは、「取り合い」ではなく「押し付け合い」になっていくかもしれません。

大都市の実家でも相続方法でもめたり、田舎の実家の相続を押し付け合ったりしている間に、不動産の価値が大きく下がっていくとしたら、もめ事の原因が吹き飛ぶような悲惨な事態が待っているかもしれません。

東京オリンピックが終わる頃まで相続でもめている間に、「数千万円ですぐに売れるだろう」と思っていた実家が「誰からも見向きもされずに売れないまま老朽化の一途をたどる」などという事態が現実問題となる可能性だってあるのです！

土地がありその上に家屋も建っている実家はこれまで、価値はさまざまでも「プラスの資産」でした。それがこれからは、対処を誤れば「人生の重荷」になってしまう可能性もあるのです。しかも、資産価値がなくなった田舎の実家は簡単に「捨てる」こともできません。

本書では、親から引き継ぐ大切な財産である実家という「不動産」について、売却や賃貸、有効活用などの知識に触れていただき、ベストな選択をしていただけるように、今後の不動産マーケットに始まり、実家相続で最大の難問である「家族」の問題、法や制度などについて、やさしく楽しく知ることができるよう工夫して書きました。

都心にある実家か田舎にある実家かにかかわらず、自分の親から自分へ、そして自分から自分の子どもへと続くロングスパンでの資産運用という観念を持っていただけたらと思います。

目次

目　次

第3章 「実家」の落とし穴

プロローグ

不動産暴落時代の幕開け

Point 01

暴落するタワーマンション

アベノミクスによる金融緩和の影響は、日本の不動産市場に大きな影響を与えました。特に「1ドル＝100円」を超えて円安になった2013年頃からマンションの価格指数は大きく上がってきています。中国では、不動産バブル崩壊による経済危機が盛んに叫ばれ、中国の富裕層はこぞって米国や豪州などの海外不動産への資金逃避を図り始めていました。さらに彼らは、東京オリンピックの開催が決まった日本の都心部へも目をつけ、不動産投資を本格化させていったのです。次にくるのは「暴落」です。

円安と海外投資家の投資行動の関係性

なぜ「円安」だと「海外投資家にとって日本の不動産は買い」なのでしょうか？　それは次のように考えるとよく分かります。

例えば、1億円で買った日本のタワーマンションの1室が、仮に値上がりせず同じ1億円のまま5年間経過していたとします。

この1億円のマンションを1ドル100円のときに買った海外投資家はドル建てではいくらの資金を投じたでしょうか？

1億円÷100円（1ドル）

＝100万ドル

100万ドルだったわけです。

その後円高ドル安となり1ドル80円のときに売却した場合に得るドル建て資金は、

1億円÷80円（1ドル）

＝125万ドル

125万ドルを手にします（譲渡益その他課税を一切考慮しない場合の計算です。実際の手取りは

■不動産価格の動向を指数化した「不動産価格指数」

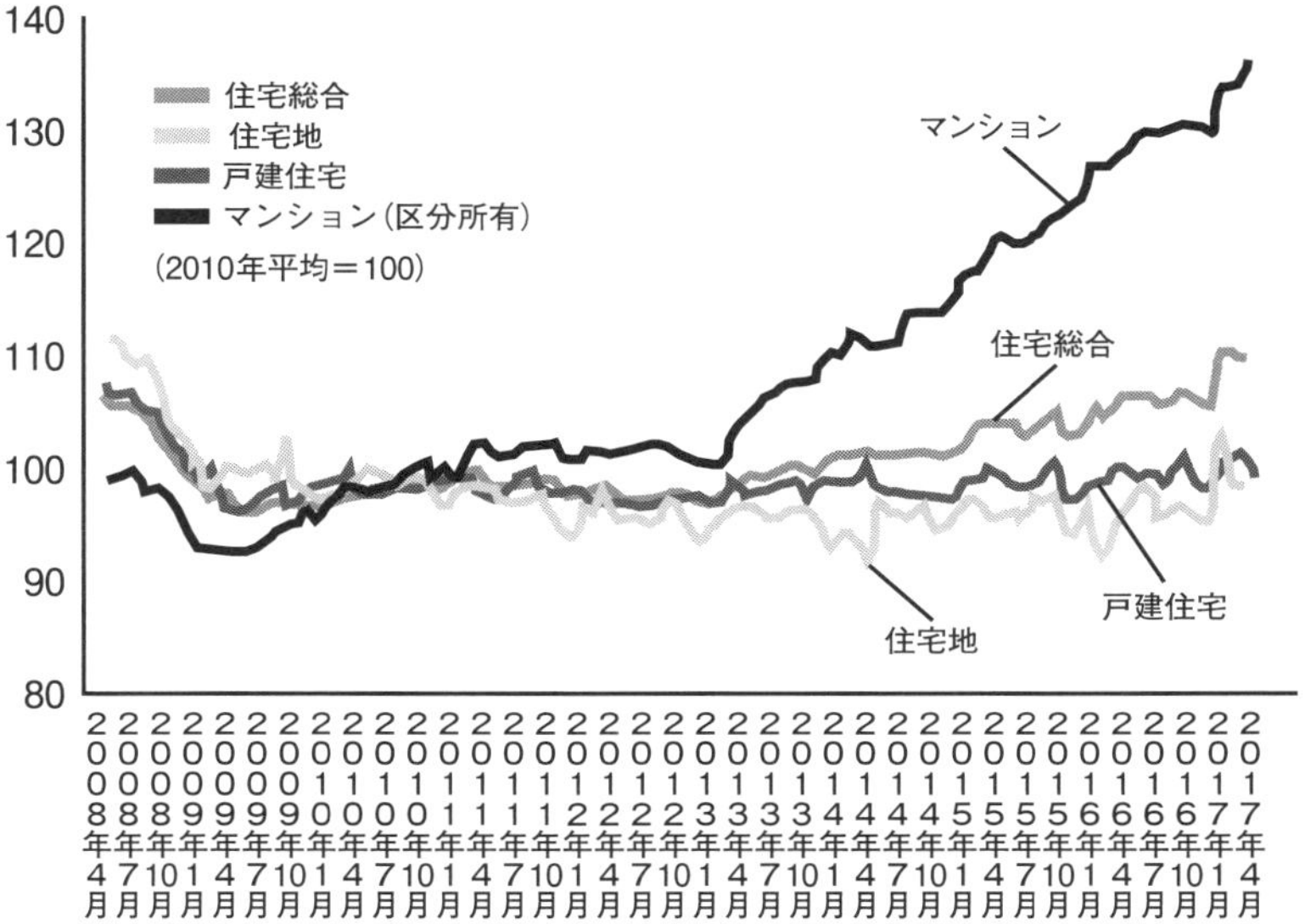

※「不動産価格指数」は国土交通省が全国の取引に基づいて公表する

資料：国土交通省「不動産価格指数の公表」（2017年4月分）より

異なりますが話を単純化するためです)。

日本における不動産価格が下がらず同じでも、為替が円安のときに投資して円高のときに売却すれば為替差益が生じます。海外の投資家は不動産市場の先行きも分析しつつ、実は円安のときの日本の資産への投資を魅力的だと考えています。

しかし、海外の投資家は日本の不動産を長期的な投資対象として考えてはいないのです。すでに日本の不動産はオリンピックバブルといわれるほど都心部では値上がりが激しく、一部の投資家の間では「ピークを過ぎたのではないか」と見られるようになりました。

海外、特に中国の富裕層の動きは早いことで有名です。下がると思えば途端に売りに転じてくるのです。**中国の富裕層がこぞって湾岸エリアのタワーマンションに投資しているのは業界内では有名な話ですが、彼らが買い始めた2013年、2014年から5年を経過する2018年から2019年にかけては一斉に売り逃げるのではないという観測があります。**

それは「取得から5年以内の売却に関する譲渡益課税は約40%であるが、5年超経過して得る売却益には約20%の譲渡益課税となる」日本の税制の問題です。為替差益とは別に物件価格が値上がりしている場合に、5年を超えてから売却したほうが圧倒的に税金は安くなるからです。もし、東京都心でここ数年に分譲されたタワーマンションの売却件数が増えれば、当然ながら価格は下がってきます。買う人が多いときは物の値段は上がり、売る人が多いときには物の値段は下がるからです。

東京都心の新築に近い新しいマンションの価格が下がり始めれば、都心といえども中古マンションや中古戸建ての価格はつられて下がります。それが全国の住宅やビルの価格に波及することは想像に難くありません。

行き過ぎた相続税対策に翻弄されるタワーマンション

2015年の相続税増税の前年あたりから、「タワーマンション節税」という言葉を頻繁に聞くようになりました。

「タワーマンション特有の課税評価額を利用した富裕層向けの相続税対策」として、にわかにタワーマンションが売れ出したのです。

富裕層は現金や有価証券などの金融資産を多く抱えています。その富裕層が多額の現金を持ったまま亡くなると当然ながら多額の相続税がかかってきます。最高税率は何と55％（6億円超を相続する場合）。多くは1億円超の相続財産がありますから、相続税率は40％以上となる場合が多いのです。

相続税を減らすには二つの方法があります。それは、「相続財産を減らす」ことと「相続財産の評価額を減らす」ことです。

1億円の現金の相続税課税評価額は1億円のままですが、この1億円で土地を買ったとします。土地の相続税評価額は「路線価」（127ページ参照）によって計算されますが、路線価は実勢価格の70〜80％といわれています。**現金を土地に換えるだけでも相続財産の評価額は少なくとも20％は下がります。**

次に「相続税対策でアパートを建てる」場合はどうでしょうか？　5000万円の土地を買って5000万円の新築アパートを建てた場合、土地の路線価が実勢価格のおおよそ70％だとします。新築建物の相続税評価額は建築価格の約60％とされています。そうすると、1億円のアパートの相続税評価額は、

5000万円×0.7＋5000万円×0.6＝6500万円

となり、現金との比較では35％評価額を下げることができます。

さて、タワーマンションを買うとどれくらい相続税評価額が下がるのでしょう？　マンショ

ンの相続税評価額は、

「マンション敷地の土地路線価の1室当たり持分評価額 ＋ 建物1室の固定資産税評価額」です。タワーマンションは比較的狭い敷地の中の超高層建物の中にたくさんの部屋があります。従って土地の1室当たりの持分はとても小さなものになります。

建物の固定資産税評価額は建築費をもとに部屋数で割って計算されます。ここに大きな節税の〝ミソ〟があるのです。タワーマンションは高層階ほど眺望がすばらしいため、「建物の建築費は同じでも下層階より分譲価格が高い」のです。タワーマンションでは高層階の相続税評価額は新築分譲価格の20％程度といわれ、もし1億円の現金で1億円のタワーマンション高層階の1室を買えば「相続財産の評価額を80％下げることができる」のです。

ところが、この節税策に走る富裕層が増え過ぎたために、徴税当局から目をつけられることになりました。行き過ぎた相続税節税対策であると認定された場合に、節税策が否認されるケースが出てきたのです。そして、高層階の相続税評価方法が2018年から変更になりました（2018年以降に引き渡す新築物件が対象）。**このことはタワーマンションバブル崩壊の原因になるかもしれないのです。**

Point 02

相続税対策としてのアパート経営のゆくえ

相続税制が改正され、2015年1月1日以降に発生する相続から、相続税の基礎控除が40％も減額されることになりました。その前年あたりから書店の店頭にはたくさんの「相続対策本」が並べられ、また、銀行・生命保険会社・大手ハウスメーカーなどが主催する「相続対策セミナー」はいつも盛況だったといいます。その結果はどうだったでしょうか？

アパート融資残高が急増

皆さんの自宅の周辺で古いアパートが新築に建て替えられたり、ちょっとした空き地に新築マンションが建設されたりしているのを最近多く見かけたりしていませんか？

そうです。「相続対策セミナー」が全国各地で開催され、ハウスメーカーや銀行などがはやし立てた結果、それらに踊らされて相続税節税目的で古くなった自宅等をアパートに建て替えたりマンションを新築したりする人がとても多くなったからです。

▩相続税の基礎控除額の改正（2015年1月1日から）

改正前の基礎控除額 ＝ 5,000万円 ＋ 1,000万円 × 法定相続人の数

改正後の基礎控除額 ＝ 3,000万円 ＋ 600万円 × 法定相続人の数

＊例えば、（配偶者と子ども2人）

改正前の基礎控除額 ＝ 5,000万円 ＋ 1,000万円 × 3人 ＝ 8,000万円

改正後の基礎控除額 ＝ 3,000万円 ＋ 600万円 × 3人 ＝ 4,800万円

（40％減額）

▩急増しているアパート融資残高

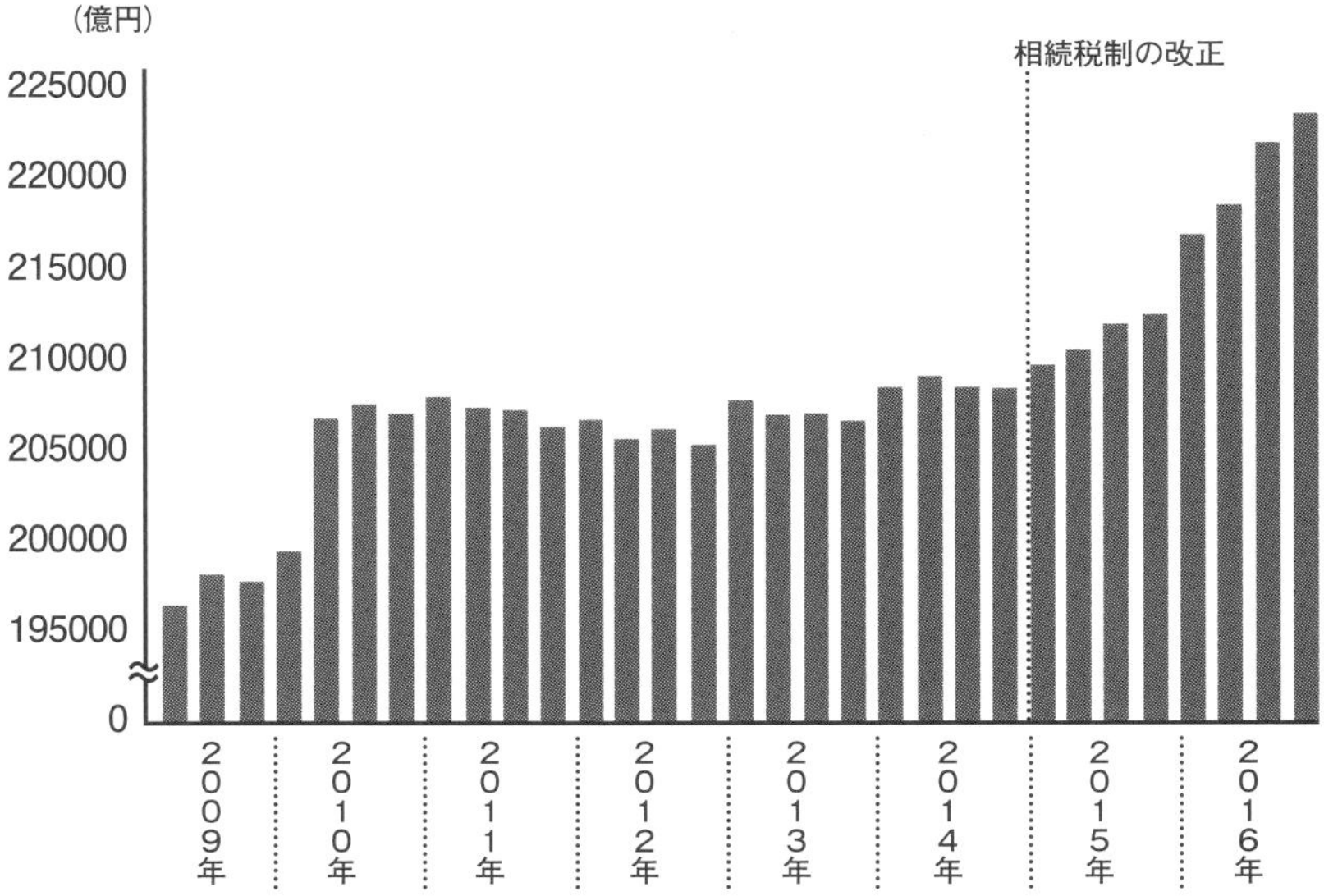

資料：日銀の統計より

つまり、「現金よりも不動産のほうが、同じ不動産でも自宅よりも賃貸建物のほうが相続税評価額は下がり、結果的に相続税を節税することができる」ためなのです。

前ページのグラフは日銀の公表しているデータから作成した「アパート融資残高」の推移を表すものです。

グラフから相続税増税を境にして「アパート融資」が激増している様子がうかがえます。**相続税対策で悩んでいる資産家のところへ、アパート建設受注を伸ばしたいハウスメーカーと、そのアパートの建設資金を融資したい銀行とがタッグを組んで勧誘攻勢をかけた結果が如実に表れています。**

銀行は資産家をハウスメーカーに紹介して、アパート建設がめでたく受注に至った場合には百万円を超える「紹介手数料」を受け取れるうまみまであったといいます。

最近になって、「バブル時代の悪弊」のようなビジネスモデルに目を光らせた金融庁が、「融資の紹介手数料を受け取ることは違法ではないが、利益相反取引として是正を促す方針」と報じられました。なぜこのような融資が問題視されるようになったのでしょうか？

人口が減っているのにアパートが増えれば……

トヨタのグループ会社の不動産調査会社、タスによる調査統計では、２０１５年後半以降、**首都圏の主要地区ですら木造、鉄骨造を問わずアパートの空室率が激増している**とのデータが発表されています。

人口が減っているのに建てられるアパートが増えれば空室が増えるに決まっています。こうなると「貸し手よりも借り手優位」で家賃が決まります。すなわち家賃は大家さんが募集している値段よりも下がって決まる傾向にあるのです。

では、「空室が増え」て「家賃が下がる」とどうなるのでしょうか？　相続税を節税するために２０１５年にアパートを建てたと仮定して考えてみましょう。ここからは、説明するのに計算が必要ですが、本文では結論だけを述べますので、面倒な方はここだけ読んでください。興味のある方は、次ページの計算式をご覧ください。

まず、アパートの経営には経費が当然かかります。修繕費や不動産屋さんに入居者募集や家賃の集金でお世話になりますから手数料を払わなければなりません。一般的な経費率は収入家賃の20%くらいでしょうか。そうすると純収益は、満室時の家賃総額（以下「家賃総額」とい

います）の80％になります。※計算式A

けれども、いつも満室とは限りませんから空室率を考慮しなければなりません。経費率は20％のままとし、空室率を30％とした場合の純収益は、家賃総額の56％になります**（満室時の家賃総額が100万円とすれば純収益は56万円です）**。※計算式B

■アパート経営の純収益の計算法

計算式A ：経費率を家賃総額（＝満室時の家賃）の20％とした場合の純収益の計算

＊純収益 ＝ 家賃総額 ×（1－〔経費率〕）
＝ 家賃総額 × 0.8

満室時の家賃が100万円とすると経費率を引いた純収益は80万円

計算式B ：経費率を家賃総額の20％とし、空室率を30％とした場合の純収益の計算

＊純収益 ＝ 家賃総額 ×（1－〔経費率〕）×（1－〔空室率〕）
＝ 家賃総額 × 0.8 × 0.7
＝ 家賃総額 × 0.56

満室時の家賃が100万円とすると経費率と空室率を考慮した純収益は56万円

計算式C ：5年後に家賃が10％下落し、空室率が5％UPした場合の純収益の計算（経費率は家賃総額の20％のままとする）

＊純収益 ＝ 家賃総額 ×（1－〔下落率〕）×（1－〔経費率〕）×（1－〔空室率〕）
＝ 家賃総額 × 0.9 × 0.8 × 0.65
＝ 家賃総額 × 0.468

5年後、家賃10％下落、経費率20％で変わらず、空室率が5％UPした場合の純収益は満室時の家賃が100万円とすると約47万円

さて、ここで「5年後」に「家賃が10％下落」し「空室率が5％UP」した場合には、純収益はどうなるでしょうか？　経費率は変わらないものとすると、なんと純収益は家賃総額の46・8％まで下がってしまうのです（**満室時の家賃総額が１００万円とすれば純収益は約47万円**）。※計算式C

概算ではありますが、２０１５年に建てたアパートの純収益は、5年後の２０２０年には大幅下落となってしまいます。

ところで、**バブルの頃は「不動産は買えば上がる」と考えられていました**から、不動産価格は「いくらで売れたか？」という取引事例を中心に決められていました（取引事例比較法）。しかし、バブル崩壊後に海外の「ハゲタカファンド」が話題になった頃から、不動産価格は「収益還元法」で決まるようになりました。

収益還元法とは簡単にいえば**「その不動産が生み出す収益から逆算して不動産価格を算定すること」**です（これについても、本文では結論だけを述べますので、興味のある方は25ページの計算式をご覧ください）。

例えば、収益還元法でアパートの価値を算定します。１０００万円の不動産を買って、年間

１００万円の純収益（家賃収入から経費や税金等を除く）が得られれば、利回りは10％となります。利回りは、純収益を不動産価格で割ると求められますので、逆算すると不動産価格は、純収益を利回りで割ると求められます。※計算式Ｄ

これが収益還元法の中でも「直接還元法」といわれる計算の仕方です。

不動産を投資するときに求められる期待利回りは、地域や金融情勢によっても変わりますが、日本の木造アパートは（地震等のリスクを考慮するので）最低でも５％は必要といわれています。その場合、純収益が１００万円のアパートの価格は２０００万円ということになります。

前述した例では、アパートを建てた「5年後」に、「家賃が10％下落」し「空室率が５％ＵＰ」したので、純収益は「満室時の家賃総額の56％」から「満室時の家賃の総額の46・８％」に下落しました。

これを収益還元法による不動産価格で比較すると、満室時の家賃総額の11・2倍だったアパートの価格（満室時の家賃が１００万円とすれば、このアパートの価格は１１２０万円）が、９・36倍（９３６万円）になってしまうのですから大変です！　※計算式Ｅ・Ｆ

つまり、**5年後の不動産価格（売買価格）は、当初の84％になってしまうんです**（１１２０万円→９３６万円（＝１８４万円下落）、下落率はなんと16％）。※計算式Ｇ

■収益還元法でアパートの価値を算定すると

計算式D　:（期待）利回り ＝ 純収益 ÷ 不動産価格

➡ **不動産価格 ＝ 純収益 ÷ 利回り**

1,000万円の不動産を買って、
年間100万円の純収益が得られれば利回りは10%
100万円 ÷ 1,000万円 ＝ 0.1（10%）
∴不動産価格は　100万円 ÷ 0.1 ＝ 1,000万円

計算式E　:当初の不動産価格
＝ 純収益**（家賃総額×0.56）** ÷ 0.05（期待利回り）
＝ 家賃総額 × 0.56 ÷ 0.05
＝ 家賃総額 × 11.2

家賃総額100万円なら不動産価格は1,120万円

計算式F　:5年後の不動産価格
＝ 純収益**（家賃総額×0.468）** ÷ 0.05（期待利回り）
＝ 家賃総額 × 0.468 ÷ 0.05
＝ 家賃総額 × 9.36

家賃が10%下落、空室率が5%UPすると不動産価格は936万円に！

計算式G　:5年後の不動産価格の下落率
＝ 9.36倍（5年後） ÷ 11.2倍（増税前）
＝ 0.8357…（≒84%）

➡ **5年後の不動産価格は84%に下落**

下落率は100% － 84% ＝ 16%
不動産価格は1,120万円 － 936万円 ＝ 184万円ダウン！

5年後 不動産価格は16%下落!!

これは換言すれば、**5年後にアパートの家賃が10%下落した場合、収益還元法で計算したアパートの売買価格は約16%の下落となるのです**（おおよその計算です）。

必ずしもアパートの価格の変動がすべての不動産の取引価格と連動するものではありませんが、少なくとも「アパートの隣にある、アパートと同じくらいの敷地面積である木造1戸建て」は、建物を取り除いたときの土地価格ではほぼ同じような価格想定ができます。

皆さんの実家の近隣に建っているアパートの空室状況をよく見てください。それがあなたの実家の5年後の価格下落の指標になります。

第1章

「不動産マーケット」の落とし穴

Point
03

大学の移転・倒産で郊外の学生アパートの借り手がいなくなる

日本の18歳人口は2018年を境に減少していきます。18歳といえば進学や就職で「一人暮らし」を始めることが多くなるときですが、この18歳人口が減るということは、一人暮らし人口の減少を意味します。それは、相続税対策で建て過ぎたアパートの空室がさらに増え続ける要因となるのです。

18歳人口の減少と都心に回帰する大学

教育界でも「少子化」は問題とされていましたが、大学進学率が年々増加傾向にあったため、まだ定員割れなどさほど目立つことはなかったのです。

ところが、文部科学省の大学定員増や学部設立増への政策変更などもあって、地方大学を中心に大幅な定員割れなどが問題視されるようになりました。18歳人口の減少に加え、このことは東京や大阪などの大都市にある有名私立大学といえども免れない「18歳大学進学者の取り合い合戦」へと波及していったのです。

その結果、**「郊外にある大学の都心への移転」**が始まりました。

危機感を抱いて早くから取り組んでいたのは、

「2005年、東洋大学文系学部の1～2年生・埼玉県朝霞市➡東京都文京区」

「2006年、共立女子大学全学部の1～2年生・東京都八王子市➡東京都千代田区」

これらの大学では志願者数が大幅に増えました。その結果を見てかどうかは分かりませんが、危機感を抱いている大学は多く、最近でも、

「2013年、青山学院大学文系学部の1～2年生・神奈川県相模原市➡東京都渋谷区」

「2014年、実践女子大学文学部と人間社会学部・東京都日野市➡東京都渋谷区」

「2015年、拓殖大学商学部と政経学部の1～2年生・東京都八王子市➡東京都文京区」

「2015年、大妻女子大学文学部と家政学部の1年生・埼玉県入間市➡東京都千代田区」

「2016年、東京理科大学経営学部・埼玉県久喜市➡東京都新宿区」

など、続々と移転が続いています。

地元のアパート経営をしている大家さんにとっては大打撃となります。もともとは「大学生専用のアパートとして建てた」のですから、その大学生がいなくなると借り手が見つからないことが多いのです。

なかには「新築アパートなのに入居者ゼロ」なんて物件も珍しくなくなりました。多くの大学キャンパスでにぎわっていた**「学生街」が空き部屋だらけのアパートであふれかえることになるかもしれません。**

Point 04

都心では2020年までに新築オフィスビルが大量供給される

企業は利益が増えれば「もっと利益を出そう」と考え、人員の増加や設備投資を行います。そのためには増えた人員を効率よく働かせるための新しい事務所が必要です。しかし、オフィスの供給過剰は不動産マーケット下落への転換点になります。

大規模ビルの新築ラッシュ

次ページの図は企業の経常利益の推移を表しています。

2008年のリーマン・ショックによる大幅な落ち込みからそれ以前の状態に戻った後、アベノミクスによる恩恵を受けて全産業ベースで経常利益の増加傾向がうかがえます。

その結果、皆さんが都心で見る光景が、以前とは明らかに違っていることを感じませんか？

そうです。東京オリンピックで景気がいいのかと単純に思っていた以上に、東京都心の街を

■経常利益（季節調整値）の推移

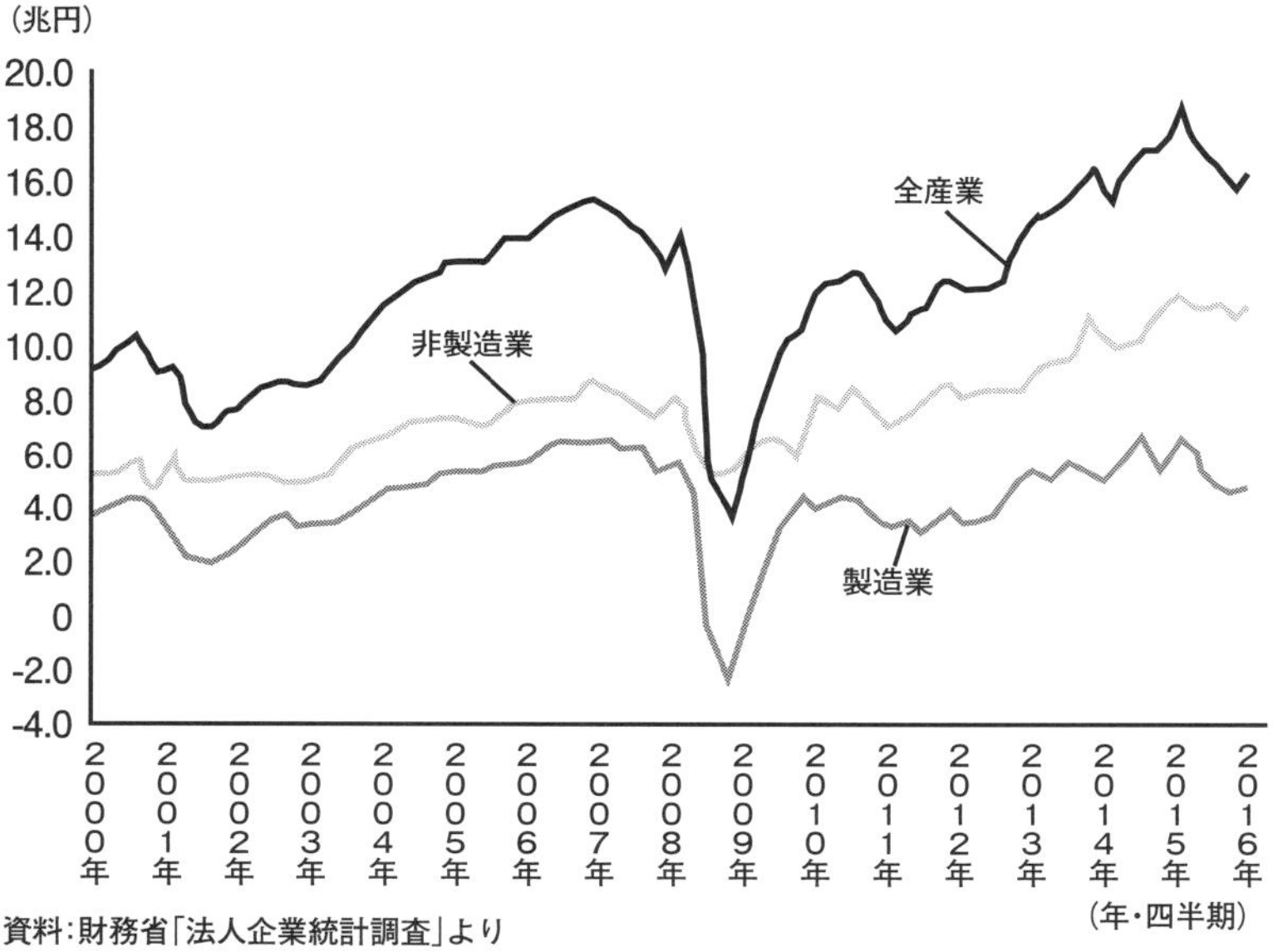

資料：財務省「法人企業統計調査」より

歩くと至るところで大型クレーンが動いています。

新宿、渋谷、東京（丸の内、大手町）などのビッグターミナルの駅前では、いつの間にか新しい大きなビルが立て続けに建設されているのが分かります。企業のオフィス需要を捉えて、三井不動産や三菱地所、住友不動産などの大手不動産会社は、競うように大型ビルを建設しているのです。

また、２０１１年の東日本大震災の影響もあります。東日本大震災によって高層ビルなどの耐震性がより厳格に求められるようになりました。

都心部では古いビルを壊して、より大きなビルへの建て替えが、「アベノミクス」を追い風として急ピッチで進められてきました。

大量供給は「貸し手市場」から「借り手市場」に

大手オフィス仲介会社や大手シンクタンクなどの統計調査からは、**2018年から2020年の3年間に新規オフィスビルは過去に類を見ないほどの大量供給が予定されています。**

これまでの「貸し手市場」から「借り手市場」へと転換する見込みが大きいのです。賃料はこれまでの「上昇基調」から一転「下落基調」に転じる可能性が大きいでしょう。賃料が下落するとビルの収益性も下落します。このことは、不動産市場に大きな影響を与えている「J-REIT」(不動産投資信託)の中心的な役割を担っているオフィス市場がダウントレンドとなることにつながるのです。

これからは、**日本の不動産マーケットが下落をし始める大きな転換点となる可能性が高い**ことを肝に銘じておいてください。そして、実家を相続する人はぜひとも相続した実家をどうするのかの戦略を一刻も早く立てておくことをお勧めします。

Point 05

世帯数の減少と空き家の増加が不動産価格を大きく下げる

「世帯数が減り始める」「全国の空き家が増え続ける」「高齢者世帯が増え続ける」ことを示しているのが、次ページからの三つのグラフです。これらから、この先の日本の住宅市場の問題点がはっきりと見えてきます。

減る総世帯数、一方では増える高齢者世帯数

一つめのグラフは２０１９年をピークに日本の世帯数が減少していくことを表しています。二つめのグラフは全国の空き家が増加していることを表しています。そして三つめは全世帯に占める高齢者世帯数の推移を表しています。

この三つのグラフを見比べると、**「世帯数が減り始めるのに高齢者世帯が増え続けるということは、高齢者が亡くなった後の家が増え続ける、すなわち空き家が増え続けるはずだ」**とお

■日本の世帯総数の推移

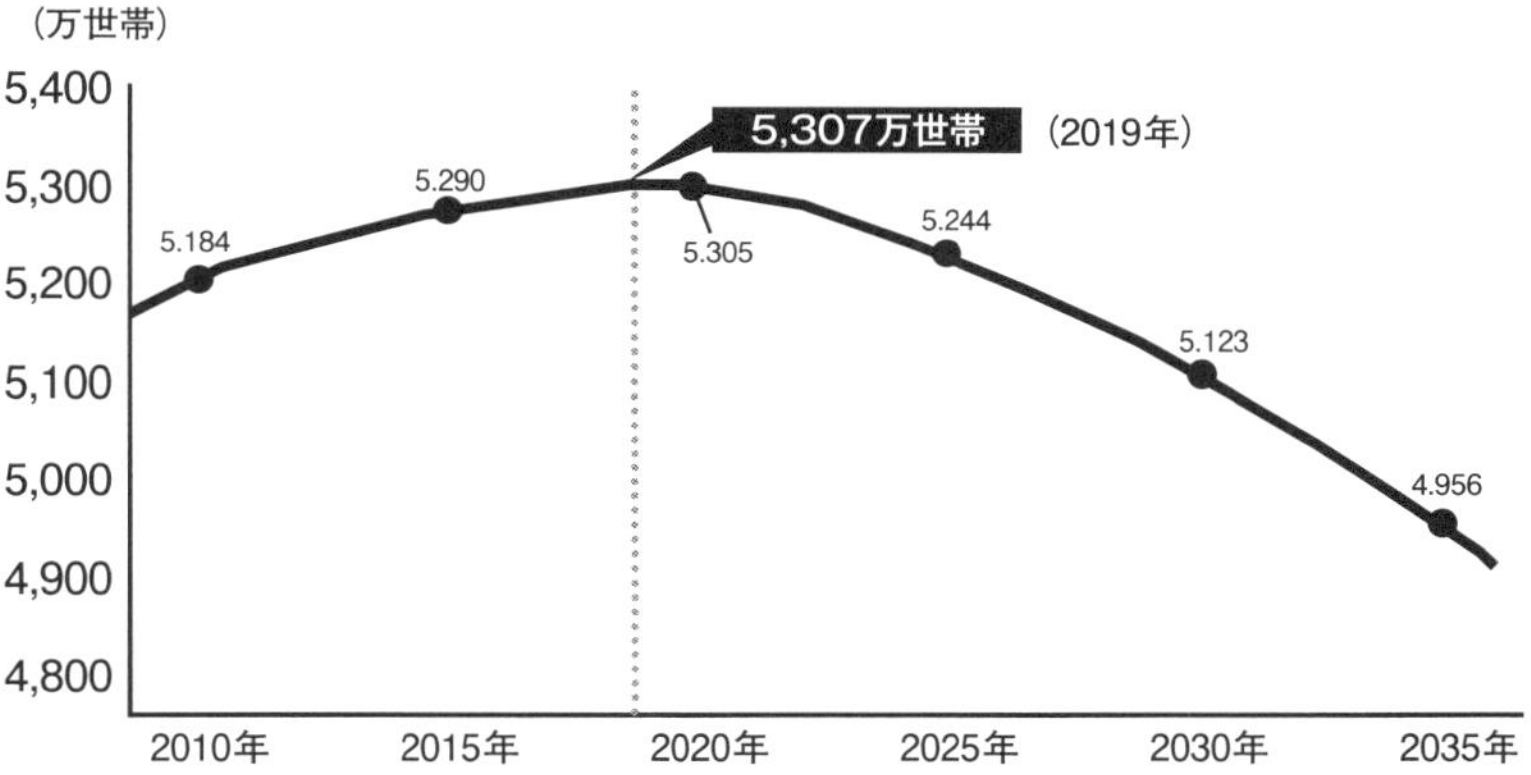

資料:国立社会保障・人口問題研究所「日本の世帯数の将来推計(全国推計)」2013年1月推計より

■全国の総住宅数、空き家数および空き家率の推移

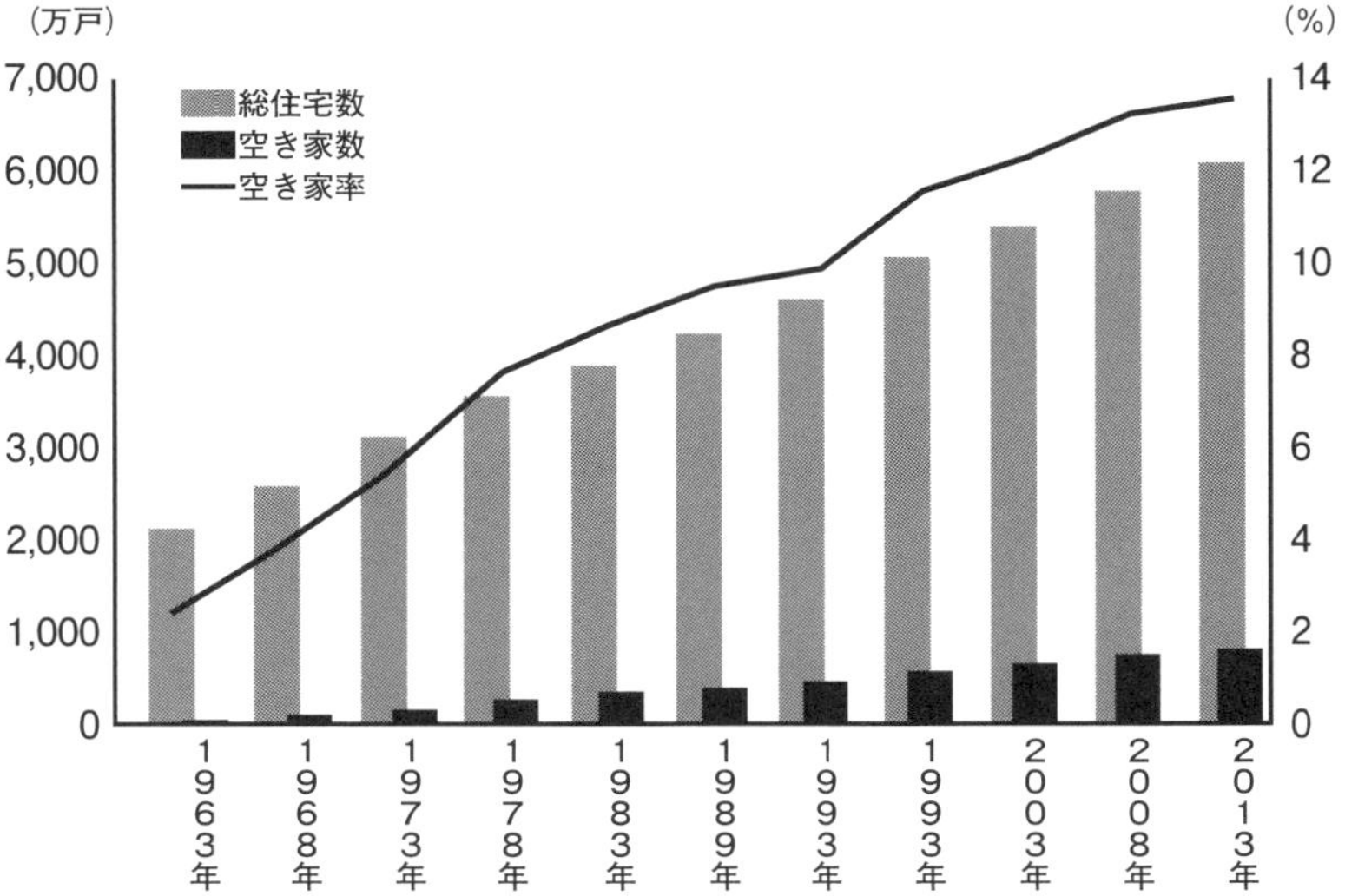

資料:総務省統計局「平成25年住宅・土地統計調査(速報集計)結果の要約」より

■全世帯に占める高齢者世帯の割合の年次推移

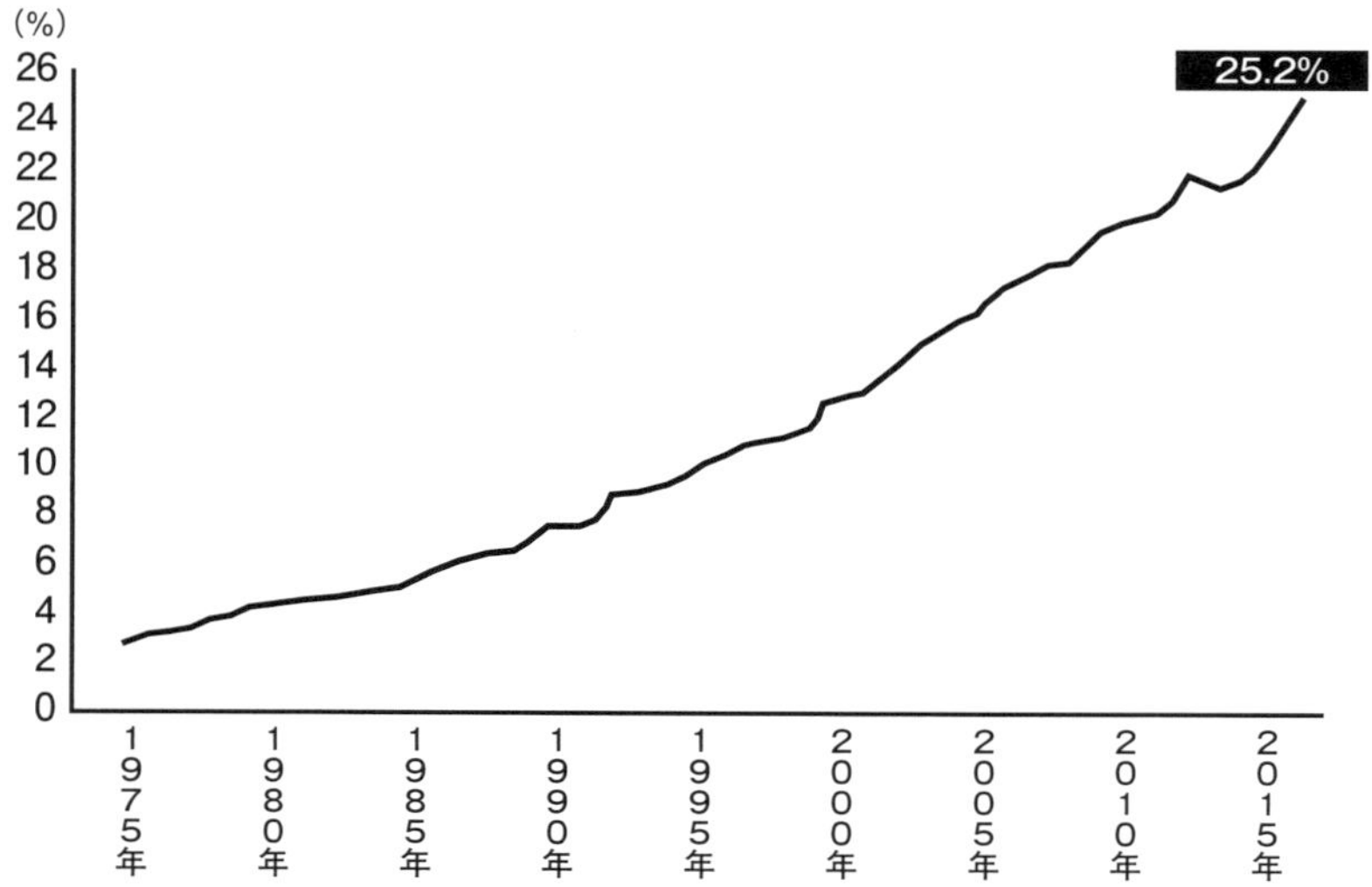

資料：厚生労働省「国民生活基礎調査」より

思いになられたのではないでしょうか？

野村総合研究所によれば、「既存住宅の除却や、住宅用途以外への有効活用が進まなければ、２０３３年の空き家率は30・4％に上昇する」と予測しています。なんと**今から15～16年後には空き家率は倍増しているというのです。**

当然、空き家の中には「値段さえ下げれば売れる」物件も多数あります。倍増した空き家の多くが市場に売り物件として出されれば、その売買価格は大きく下がることは間違いありません。**皆さんが相続する実家**

もその大きな波＝「要らなくなって売りに出される不動産の価格が下がり続ける波」に飲み込まれる可能性が大きいといえるのです。

新築される住宅は減っていない

国土交通省の「新設住宅着工統計の推移」を見ると、人口が減ってもこれまでは「世帯数が増加していた」ために、その増加した世帯を狙って建てられる家はずっと増えていました。

企業に勤めた人ならお分かりになると思いますが、会社は「今期の営業目標は昨年対比で10％増とする」などと目標を掲げます。住宅をつくる「ハウスメーカー」や「マンショ

新設住宅着工戸数の推移

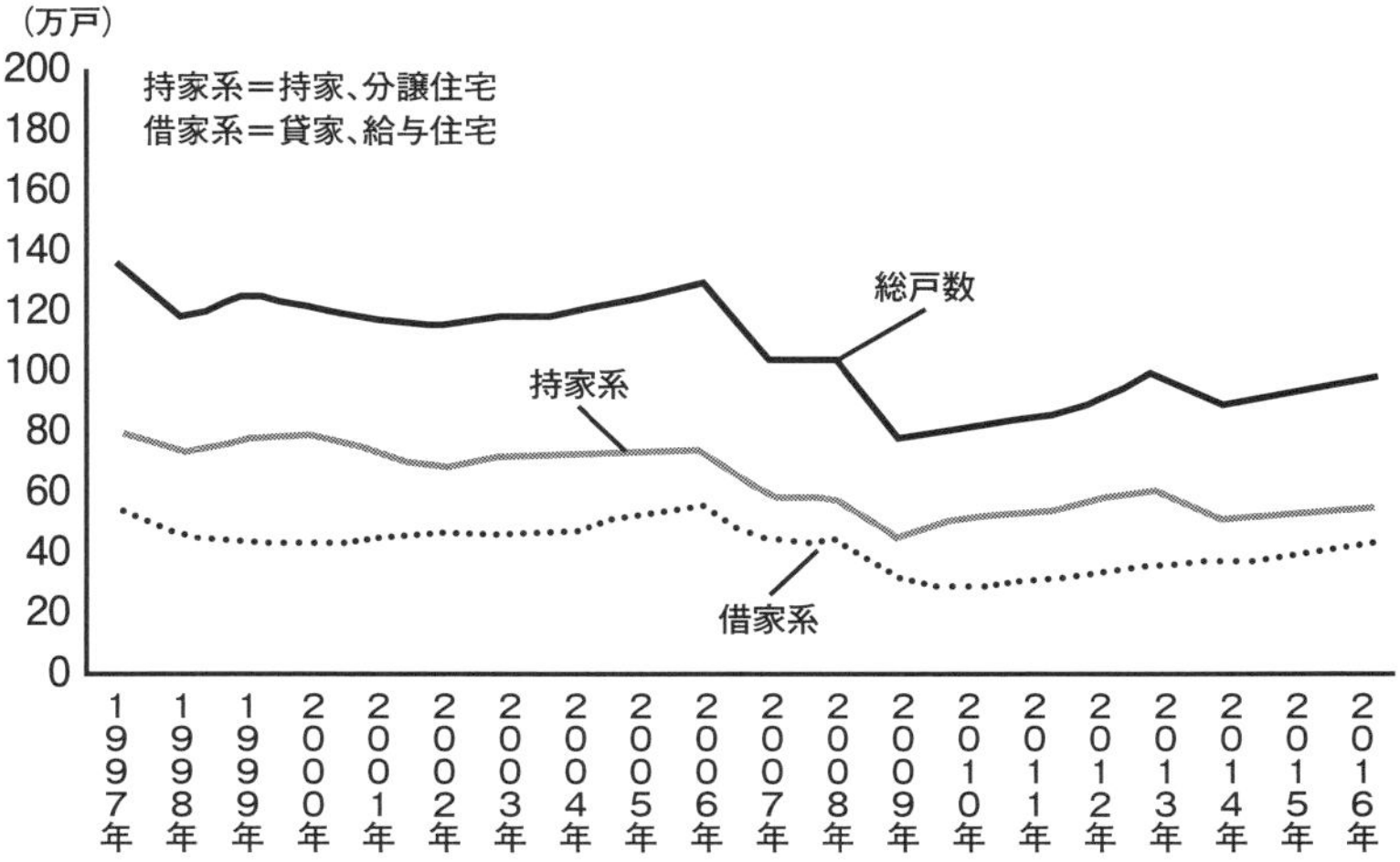

資料：国土交通省「平成28年度住宅関連経済データ」より

ンデベロッパー」という会社も、対前年比で営業目標を下げることなどないと思います。どれだけ空き家が増えようとも、たとえ人口や世帯数が減ろうとも、「日本人には新築信仰があるんだ」という思いが供給側にある限り、新しく建てられる家は増え続けるのです。

世帯数が減るだけでも「住宅需要が減る＝住宅価格が下がる」わけですが、空き家すなわち古い住宅が増えるのに、一方では新築住宅が増えるわけですから、**この先日本の住宅市場では「住宅価格が下がるトリプル要因」が厳然と横たわっているのです。**

空き家が増加しても新築住宅は増える

Point 06

震災復興需要と2020年オリンピック特需による建設費の高騰が終わる

東京オリンピックが開催される２０２０年にはどんな問題があるのでしょうか？　新聞等で報道されることも多い「建設費の高騰」が、オリンピックが終わった後で不動産暴落の遠因になるかもしれません。なぜでしょうか？

建設費が異常なまでに高騰した背景

２０１１年3月11日に起こった東日本大震災。地震と津波によって被災地が受けた壊滅的な被害の光景はいまだに私たちの脳裏に焼きついています。

その後6年以上がたって、被災地は徐々に復興してきていますが、復興のためには瓦礫の撤去の後に新しい建物の新築ラッシュがありました。そのために建設資材や建設関連人材の需要が急激に起こったため、建設資材の高騰や人手不足による建設関連人件費の高騰が起こり、結果的に被災地とは関係のない場所、例えば東京都心におけるビルやマンションの建設費も高騰

ワーイ
価値が上がっちゃったよーん
俺が上げたのは建設費だけ
勘違いしてやがる

するようになったのです。

建設関連の人手不足には深刻なものがあります。もともとバブル崩壊やその後のリーマン・ショックを経て、建設・不動産業界はいわゆる「失われた20年」という日本経済の地盤沈下の影響を最も強く受けていました。多くの建設関連業種ではリストラが行われ、高齢化もあいまって働き盛りの熟練技能工が慢性的に不足していたのです。そこににわかに建設需要が大幅に増えたことによって、人手不足に拍車がかかったのです。

さらに建設費の高騰につながる出来事がありました。2020年の東京オリンピックの開催決定です。国立競技場の建て替えに代表されるような各種の競技施設の建設工事が増えたために、震災復興需要に加えてオリンピック建設工事需要まで重なってきたのです。

さて、この建設費の高騰が不動産マーケットにも影響を与えています。日本人はよく「新築信仰が強い」といわれます。住宅を買うとき、あるいは借りるときに新築を最優先で考える傾向が強いのです。

国土交通省の統計資料によりますと、日本における全住宅流通量に占める中古住宅の割合はわずか14・7％（２０１３年）にすぎず、毎年流通している（売買市場に出されている）住宅の約85％が新築住宅なのです。従って、建設費が高騰すれば新築住宅価格も高くなります。新築マンションの分譲価格が高くなれば「不動産が上がっている」と思ってしまいますが、**実は、土地の価格が上がっていない場所でも、建設費が高騰したために新築マンションの分譲価格が上がっていた**のです。それが「復興需要やオリンピック需要で不動産が上がっている」という幻想を生んでしまった面もあったのです。

高騰した建設費が下落するとき

さて、この建設費の高騰は今後どうなっていくのでしょうか？　想像に難くないと思いますが、**震災の復興需要もオリンピックの建設需要も一時的な要因であって長く続くものではありません。**

２０１８年中には大型の工事の受注等が終わっており、その頃には建設費の高騰がピークを迎えますが、その後に新築されるマンションなどの建設費が徐々に下がってくることにより、新築マンションの分譲価格も徐々に下がってくることが予想されます。

今は新築マンション価格が高止まりしているために中古マンション価格も高止まりしていますが、新築マンション価格が下がり始めれば中古マンション価格も下がり始めます。

同じようなことはマンションのみならず新築ビルや中古ビルの賃料や売買価格等にもいえますから、不動産マーケット全体に下落傾向が出ることが予想されるのです。

現在の日本の不動産市場は、日本人のみならず海外からも多くの投資家が参加しています。株式市場と同じで**外国人投資家が売りに転じれば、あっという間に不動産市場の下げは激しくなり「暴落」もありうるのです。**

Point 07

大都市圏の地価暴落の時限爆弾「生産緑地」の解除

この章では、これから実家を相続する人が知らないと大きなリスクとなる「不動産マーケット」の落とし穴について話してきましたが、最後に大都市圏の住宅地の大幅下落をもたらす時限爆弾のような要因を取り上げます。

あまり知られていない「生産緑地法改正」

皆さんは**「2022年問題」**をご存じでしょうか？　都市農家の方々とその土地に狙い目をつけているハウスメーカーや建築会社の営業マンはみんな知っていることなのです。

１９９１年に生産緑地法が改正され１９９２年に施行されました。主に大都市圏の市街化区域にある農地が、宅地化を進める農地（「宅地化農地」）と、農地として保全する「生産緑地」に分けられました。

生産緑地に指定されると一般農地と同じように固定資産税が極めて低い税率になると同時に、

相続税が納税猶予されるという大きなメリットがありました。一方で**指定されてから30年間は農業を営むことが義務とされます。**

　所有者が亡くなって農業を継ぐ者がいなくなると、「宅地化農地」として扱われ、宅地並みの固定資産税を支払わなければなりませんし、相続税の納税猶予もされなくなります。

　下の写真は東京都練馬区にある生産緑地です。

　東京都以外でも神奈川県や埼玉県などの都市近郊には、マンション等が林立する都会的な風景の傍らに、このような農地があるのを見かけた方も多いのではないでしょうか？

　生産緑地には「1区画500㎡以上」「農林漁業を営むための必要な建物以外は建築で

写真／時事通信フォト

きない」などの制約条件があります。

また、「生産緑地に指定されてから30年が経過した場合は自治体に買い取りを申し出ることができる」「主たる農業従事者が亡くなって営農ができなくなった場合も自治体に買い取りを申し出ることができる」とされているのですが、周知のとおり自治体には買い取る財政的余裕がないため、申し出があっても買い取られることはほとんどありません。

一般農地として固定資産税が「数千円」レベルだとするならば、その農地が「宅地化農地」として宅地並みに課税される場合は「数十万円」レベルとなります。「税金が跳ね上がる」という悲鳴が聞こえてきそうです。

大都市圏で宅地が大量に売り出される危険性

次ページのグラフは、国土交通省のホームページに出ている生産緑地指定の翌年（１９９３年）から２０１４年までの「三大都市圏特定市における市街化区域内農地面積の推移」を表したものです。

これを見ると、宅地化農地は22年の間に半分以下になっているのに対して、生産緑地は微減はしているもののほぼ横ばいできていることが分かります。宅地化農地は宅地並みに課税されていますから、そのままにしておけば農地から得られる微々たる収入に対して、はるかに高い税金だけを負担しなければなりませんから維持できなくなります。

その結果、22年間で半減した農地の約6割が住宅地に転用されています。

先の写真のとおり、都市部の農地の周辺にたくさん

■三大都市圏特定市における市街化区域内農地面積の推移

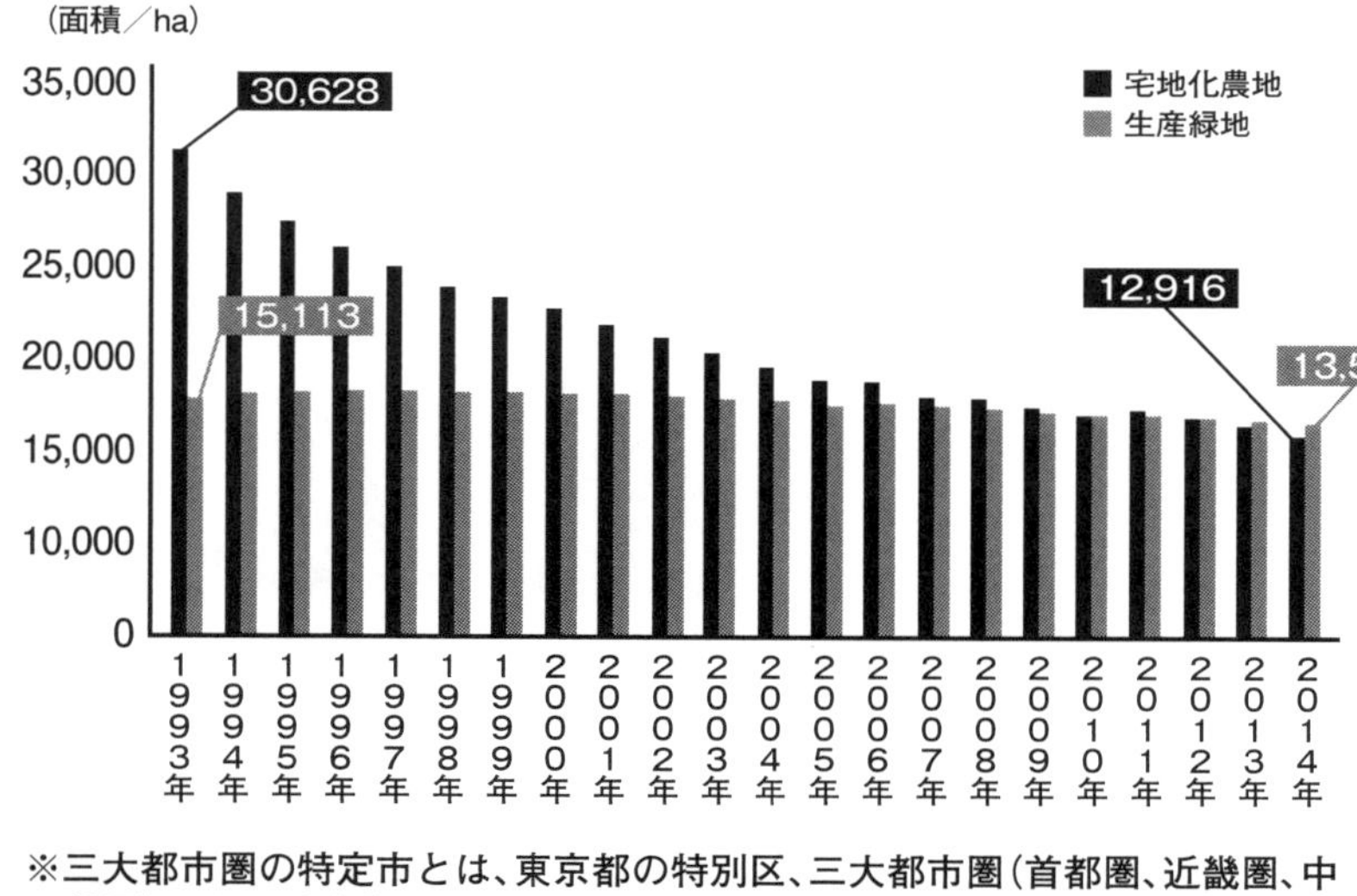

※三大都市圏の特定市とは、東京都の特別区、三大都市圏（首都圏、近畿圏、中部圏）にある政令指定都市及び市域の全部又は一部が三大都市圏の既成市街地、近郊整備地帯などに所在するものをいう。

資料：総務省　宅地化農地「固定資産の価格等の概要調書」（毎年1月1日の値）
　　　都市局　生産緑地「都市計画年報」（毎年3月31日の値）より

のマンションやアパートが建っているのを見れば、「固定資産税の支払いや相続税対策のために建てられたんだな」ということが分かります。

そして大問題なのが、この1992年に指定された三大都市圏の生産緑地（農業を営むことを義務付けられた土地）は約1万3000ヘクタールあるとされ、その約8割が2022年に指定から30年目を迎えるのです。**大都会にある東京ドーム約2200個分の「生産緑地」という土地がいっきに不動産市場に出てくると推測されています。**

売却されれば買主が住宅やアパート・マンションを建てます。農家がそのまま所有する場合でもアパート・マンションを建てます。**これだけ大量の土地がいっきに市場に出てくれば、大都市圏の住宅地の価格が暴落する恐れがあるのです。**

大都市圏で実家を相続する人は「2022年問題」から目が離せないということが、お分かりいただけたでしょうか。

第2章

「家族」の落とし穴

Point 08

「とりあえず、お母さんが相続すれば」は危険の第一歩

東京の高級住宅街に祖父の代からあるような一軒家を相続したら、大変なことになるかもしれません。どういうことかといえば、建物は築50年以上となればほぼ「価値なし」ですが、土地の評価額がものすごく高い場合があります。

場所にもよりますが、目黒区や渋谷区、世田谷区などの高級住宅地といわれるようなところでは、路線価でも一坪当たり150万円以上するような土地もざらにあるのです。

相続対策は二次相続まで考えなければ意味がない

「路線価」（127ページ参照）とは相続税の計算をするときに用いられる土地の評価基準とされるものです。古くからある一軒家などは敷地だけでも50坪以上あったりします。仮に坪単価200万円で50坪の土地があると土地の相続税評価額は1億円にもなります。

この土地を相続したとすれば、いったいどのくらいの相続税がかかると思いますか？

父母と子ども2人の家族だとします。父親が亡くなったときに母親がこの家に住んでいたなら、普通は「とりあえずお母さんが相続しておけばいいよね。だって相続税がかからないんでしょ？」という場合が多いのではないでしょうか？

そうなんです。配偶者が相続する場合は法定相続分相当額か1億6000万円までは相続税はかからないという「配偶者の税額の軽減」という制度があるのです（配偶者が相続する場合は、「小規模宅地等の特例」〈第3章-21参照〉も適用されますが、通常は「配偶者の税額の軽減」の適用で対応できます）。

でもここに大きなリスクがあります！　母親が相続したこの家ですが、母親が亡くなって相続が発生するとどうなるでしょうか？　2人の子どもが相続することになるのですが、配偶者の税額の軽減はありません。相続税の基礎控除は、

3000万円＋600万円×相続人の数

です。これで計算すると、基礎控除額は4200万円となります。

土地の評価額が変わっていなかった、母親の遺産は実家以外にはゼロであったと仮定した場合、母親の遺産の課税遺産総額は、

1億円－4200万円＝5800万円

■法定相続分（相続人の組み合わせとその割合）

	配偶者	第１順位 子ども	第２順位 親	第３順位 兄弟姉妹
配偶者あり	すべて			
配偶者あり	1/2	1/2	相続権なし	相続権なし
配偶者あり	2/3		1/3	相続権なし
配偶者あり	3/4			1/4
配偶者なし		すべて	相続権なし	相続権なし
配偶者なし			すべて	相続権なし
配偶者なし				すべて

- 配偶者は常に相続人となります。
- 上位の順位の相続人がいる場合は、下位の順位の相続人がいても相続する権利はありません。
- 各順位の相続人が複数いる場合は相続分を人数で等分します。

となります。子ども2人にかかる相続税は合計770万円にもなるのです（57ページ参照）。子どもそれぞれは385万円ずつです。小規模宅地等の特例などは適用しない場合です。

不動産の売買は、時期や経済状況、タイミングで大きく左右される

このような高級住宅街であれば売りに出せば売れると思われますが、売らずに所有するためには高額の相続税をいったんは全額現金で納めなければなりません。大変なことですね。

それでは、高額の相続税がかかるような土地を相続する人たちは、これからどのようなことに気をつけなければならないのでしょうか？

仮に相続税を現金で納付することが難しくて、大手不動産会社が用意しているような「売却できるまで相続税を立て替えます」というようなサービスを利用して、売却までの猶予期間を1年得たとしましょう。焦って売れば価格は下がりますから、良い買い手を探して良い値段で売るためには、とても良いサービスであるように見えます。

ところが、**不動産の売買ほど時期や経済状況、タイミングに大きく左右されるものはないのです。**買い手がたくさんいるときは高い値段がつきます。銀行の融資の金利が低いときも良い

値段で売れます。そして景気が上向いているときも良い値段で売れます。

しかし、第1章でも述べましたが、今後の不動産市場は下降線をたどる可能性が非常に高いのです。ひとたび不動産価格が下がり始め、銀行の融資の金利が上がったりすれば、売買価格は10％程度下がってもおかしくはありません。

相続税評価額が1億円の土地は、市場価格が1億3０００万円と仮定します（第3章‐22参照）。市場価格が10％下落した場合の損失は１３００万円です。**1年待ったために、子ども2人で納める相続税額（770万円）の倍近い金額を失うことになります。**

不動産は相続する前に売ってしまったほうが得な場合も

このような事態が想定される場合は、相続する前に売却することを検討してみてはいかがでしょうか？

夫婦ともに苦労を重ねて育てた子どもたちが独立し、そして最愛の夫が亡くなった後もたくさんの思い出とともに暮らしている母親に、「相続税が大変だから今売ってしまおうよ」と言うのはつらいですよね。けれど最近は年老いた一人暮らしの人たちの中にも、タブレット端末でネット通販を楽しんでいる進歩的な方が多いのも事実です。なかにはネットで老後対策を熱心に調べられていて、「この先不動産が下がるかも」「今売れば『居住用財産を譲渡した場合の3000万円の特別控除の特例』が使えるから得だ」などと考えている方もいるかもしれません。

もし、あなたの母親が資産運用に先進的な方であったなら、

「この家を高値のうちに売って、都心でも値下がりしにくいエリアのコンパクトな賃貸マンション（あるいは医療などのバックアップサービスが整った「高齢者専用賃貸住宅」も検討に値します）に住み替えてはどうかな？　賃貸契約や賃料のことは心配しなくてもいいから」

と勧めてみてもいいのではないでしょうか？

相続税評価額で1億円の土地の市場価格を仮に1億3000万円とした場合、売買仲介手数料や譲渡益課税等を差し引いても売却後に1億2000万円が現金として残ったとします。この現金に対してかかる相続税は、子ども2人で相続した場合には2人合わせて1160万円となります。

一方、1億円の相続税評価額の土地を7770万円の相続税を払って相続した後、1年後に売却したとき売却価格下落分が1300万円とすると、合わせて2070万円が消えたことになります。下がる前に土地を売って、多めの相続税1160万円を払うのとどちらが得か一目瞭然ではないでしょうか？

2-❶:父親が亡くなったときに母親と子ども2人が相続する場合(一次相続)

相続税の基礎控除額 = 3,000万円 ＋ 600万円 × 3人(法定相続人の数)
= 4,800万円
課税遺産総額 = 1億円 − 4,800万円 = 5,200万円

法定相続分で按分すると、
妻　5,200万円 × 1/2 = 2,600万円
長男　5,200万円 × 1/4 = 1,300万円
次男　5,200万円 × 1/4 = 1,300万円

相続税の総額は、
妻　2,600万円 × 15%(税率) −50万円(控除額) =340万円
(配偶者の税額の軽減)➡0円
長男　1,300万円 × 15%(税率) −50万円(控除額) =145万円
次男　1,300万円 × 15%(税率) −50万円(控除額) =145万円
合計290万円(B)

2-❷:母親が亡くなったときに子ども2人が相続する二次相続では

相続税の基礎控除額 = 3,000万円 ＋ 600万円 × 2人(法定相続人の数)
= 4,200万円
課税遺産総額 = 5,000万円(母親の遺産) − 4,200万円 = 800万円

法定相続分で按分すると、
長男　800万円 × 1/2 = 400万円
次男　800万円 × 1/2 = 400万円

相続税の総額は、
長男　400万円 × 10%(税率) − 0円(控除額) = 40万円
次男　400万円 × 10%(税率) − 0円(控除額) = 40万円　合計80万円(C)

※相続税だけで比較しても、一次相続で「とりあえずお母さんが相続すれば」とし、二次相続で子ども2人が相続した場合の相続税は770万円(A)ですが、一次相続でお母さんと子ども2人が相続し、二次相続で子ども2人が相続したとすると、一次相続290万円(B) ＋ 二次相続80万円(C) = 370万円となり、400万円も安いことになります。

知って納得！コラム❶

ざっくりと相続税の基礎控除と計算方法を知っておこう

例 父の遺産（1億円）を母と子ども2人（長男・次男）で相続する場合

1-❶：父親が亡くなったときに母親1人が相続し、母親が亡くなった場合

相続税の基礎控除額 ＝ 3,000万円 ＋ 600万円 × 2人（法定相続人の数）
＝ 4,200万円
課税遺産総額 ＝ 1億円 － 4,200万円 ＝ 5,800万円

法定相続分で按分すると、
長男　5,800万円 × 1/2 ＝ 2,900万円
次男　5,800万円 × 1/2 ＝ 2,900万円

相続税の総額は、
長男　2,900万円 × 15%（税率） － 50万円（控除額） ＝ 385万円
次男　2,900万円 × 15%（税率） － 50万円（控除額） ＝ 385万円
合計770万円（A）

■相続税の速算表

課税価格	税率	控除額
1,000万円以下	10%	—
3,000万円以下	15%	50万円
5,000万円以下	20%	200万円
1億円以下	30%	700万円
2億円以下	40%	1,700万円
3億円以下	45%	2,700万円
6億円以下	50%	4,200万円
6億円超	55%	7,200万円

Point 09

仲の良い〝きょうだい〟だからといって相続争いが無縁とは限らない

もともときょうだい間が疎遠であったり、子どものときから仲が悪かったりしていれば、親が亡くなって財産を分けるときには、いかにももめ事になりそうですよね？　反対に仲の良いきょうだいであれば、そんなことは起こらないのではと考えるのが人情でしょう。しかし相続の現場では、実は「仲が良いから相続争いなどは無縁だろう」と考えることはとても危ないのです。

日本の中流家庭で起こってきた典型的な相続争い

一番多いのは「実家の分け方」で意見が食い違う場合です。両親ともに健在で実家に暮らしているときは、きょうだいともに実家をどうするかなど考えません。だから一見「ウチはきょうだい仲が良い」と思って過ごしていたわけですが、いざ両親とも亡くなってしまうと実家の相続問題が勃発することになるのです。

相続財産が実家の土地と建物、そしてわずかな現金だけという日本の一般的な家庭を考えます。

長男は実家で親と同居しているか実家のすぐ近くで家庭を持って生活していて、次男が実家から離れたところで独立して生活をしていたとします。

実家の近くで借家住まいであったなら、「両親が亡くなったら長男の俺が実家に移り住んで、思い出の詰まった実家を守っていこう」と考えているかもしれません。両親と同居していたなら「今まで親の面倒をみながら住んできたのだから、実家は俺が相続するのが当たり前」と考えているかもしれません。

長男はわずかに残された現金を弟に分け与えて、実家の土地建物を相続することを主張します。

一方の弟は、「実家は両親の自宅ではあったが、その両親が亡くなって残された財産なのだから、

兄弟が平等に分けるのが当然だ。法律でもそうなっているはずだ」と主張します。

問題は、「不動産はケーキみたいにきょうだい仲良く半分に分けられない」ということです。建物は物理的に半分には分割はできませんし、土地は半分にできても、分割できない建物が上に建っていればその土地は使い道がありませんから、売ることはとても難しくなります。

そうすると、実家を平等に分けるということは、

①売ってお金に換えて、そのお金を分割する（換価分割）
②実家を相続した長男が実家の評価額の半分に相当する金銭を弟に与える（代償分割）
③ひとまず兄弟が等分で共有名義にする（現物分割）

しかありません。共有名義にしたところで、結局は「売る」か「貸す」かしない限り、実質的には財産を分けたことにはなりません。

ここで仲の良かった兄弟は、「売るのか売らないのか」で大きく争うことになるのです。

相続税が発生する場合はもっと大変なことに

相続税の課税対象となる場合はさらに深刻な事態となります。仮に実家の建っている土地の価格が高いエリアであったなら、相当額の相続税が課税される場合もあります。

後で詳細を述べますが（第3章-21参照）、この実家の相続に関しては、**「小規模宅地等の特例」**という制度があって、うまく相続すれば課税価格を80％も減額できる制度があるのです。従って、この制度が使えれば相続税を払わずに済ませられるケースが多々あります。

しかし、この制度の適用を受けるためには、相続が発生してから10カ月以内に申告しなければならないのです。いつまでも兄弟で「実家を売る」「いや、売らない」などと争っていれば、10カ月などあっという間に過ぎてしまい、結局は相続税の課税対象となってしまうのです。

さらに、相続税は相続発生から10カ月以内に「現金で納める」必要がありますから（195ページ参照）、「相続財産が実家とわずかな現金」しか残されていない場合には、遺産の中から支払えない場合もあります。そうなると、相続人の貯金を崩して支払うか、貯金で足りなければ借金をして支払わなければなりません。もちろん、税務署に「延納」の申し出をすることで支払いを先延ばしにしてもらえる制度もあるのですが、それなりの「利子」も加算されるのです。

遺産分割協議がまとまらないと泥沼に

遺産に現金がたくさんあっても、その分け方でもめて「遺産分割協議」がなかなか成立しない場合なども、大変困ったことになります。仮に5000万円の現金で遺産があったとします。普通は兄弟仲良く分ければよさそうなものですが、

「兄貴は医者になるための医学部の学費を2000万円も出してもらったのだから、俺は遺産では兄貴よりその分余計にもらいたい」

と弟が言い出して争いになれば、遺産分割協議が成立せず、そのような場合、銀行は遺産である預金の解約には応じてくれません。

そうなると、5000万円は銀行に眠ったままになり引き出すことはできません。多額の相続税を支払わなければならないような場合でも遺産からは支払うことができず、相続人が自分の預金から支払わなければならなくなります。相続税を支払う現金を持ち合わせていなければ延納による利子まで負担せざるを得なくなります。

もはやここまでくると、仲の良かった兄弟が元の関係に戻るのは困難です。

「きょうだい仲が良いから遺産相続争いの心配がない」と思っていたのに、実は大変なことになってしまったということはよくあることなので、「相続財産は実家しかない人」も、「多額の現金が相続財産になる人」も、くれぐれもご用心のほどを！

Point 10

“きょうだい”仲が良くても配偶者同士の仲が良いとは限らない

あなたのきょうだいは仲が良いですか？　仲良しきょうだいだとして、その配偶者（妻・夫）同士も仲が良いですか？　普段の生活の中ではなかなか分かりにくいものです。ですが、その関係性は、ふとしたきっかけで立ち現れてきます。争いの種は相続問題のはるか前に蒔かれていたりします。ここでもある兄弟を例にしましょう。

兄弟が納得しても妻たちにはそれぞれの言い分がある

兄の子どもが私立の小学校に入学しました。弟であるあなたの子どもは公立の小学校に通っています。兄もあなたもまだ30代ならサラリーマンとしての収入でやりくりしていくのは大変です。けれども、それを身をもって感じているのは、むしろ妻たちなんです。そんなとき、あなたの親が私立小学校に通う兄の息子に少なからぬ学費の援助をしていたとしたら？

そして月日が流れて、あなたたち兄弟の父親が亡くなりました。兄は両親とは同居していな

かったものの、実家のすぐそばに家を構えて生活していましたし、援助を受けて私立小学校に通っていた子ども（親からみて孫ですね）は、おじいちゃん、おばあちゃんにかわいがられて育ちました。

父親の遺産分割の話し合いが持たれることになったのですが、相続人は母親とあなたたち兄弟です。自宅は都心の一等地にあり、評価額は7000万円ほどになります。

母親は、

「長男の嫁はお父さんの足が悪くなって車椅子生活になってからも、自分の車に乗せてあちこちに連れて行ってくれたりした。お父さんもとても感謝していたから、長男には自宅を相続させたい。その代わり私と同居してほしい」

「次男には少ないけど銀行預金３００万円を分け与えるので、それで納得してほしい」

と言い出したのです。

弟であるあなたは、

「お袋がそう言ってるなら仕方ないな。兄貴にはお袋の面倒もみてもらわなきゃいけないし、３００万円もらえればいいだろう」

と思っていましたが、あなたの妻は納得しません。

「あなた、義姉さんは私立に受かった出来のいい孫をダシに使ってお義父さんやお義母さんにうまく気に入られていただけなのよ。お父さんは車椅子生活をしていたといってもボケていたわけではないから、ただ介護用の車を使ってお出かけして、自分の洋服なんかもちゃっかり買ってもらったりしてたんだから。

ウチの子は私立に行かなかったから何の援助もしてもらってないけど、それはあなたが親孝行してるわけじゃないの？　ウチの子の成績だと大学は、国立は無理そうだから私立に行くしかないし、法律的にはお義兄さんとあなたは平等にもらえる立場でしょ？　完全に平等にとまでいかなくても、もっとたくさんもらうべきじゃないの？」

とあなたに詰め寄ります。

そういうふうに妻に言われてあなたも「そう言われれば、そうかもな」などと思うようになり、母親と兄に、

「ウチは兄貴の家ほど援助もしてもらっていないし、これから息子が私立の大学に行くのにお金がかかる。せめて１０００万円くらいは分けてほしい」

と言い出したものですから、ついに収拾がつかない事態となってしまいました。

相続権のない妻たちが「隠れ相続人」に

義姉は、

「あなたの弟とお嫁さんは実家に滅多に遊びにも来ないじゃない。ましてやお義父さんやお義母さんのお世話をしたためしもないし。それなのにこれからお義母さんの面倒をみて同居して暮らしていく私たちが実家を相続するのは当たり前じゃないの？」

と譲りません。

義姉にもあなたの妻にも、父親が遺言で嫁に財産を譲ると書いていない限り何も相続する権利などないのですが、このような状況になれば嫁というものは「隠し子」ならぬ「隠れ相続人」と化してしまいがちなのです。

こうなると「兄弟の嫁同士」は、兄弟間の相続争いの影の主役に躍り出てきます。兄弟同士であれば「法律はさておき、お袋のこともあるのだからほどほどのところで手を打とう」と妥協できないわけではないのですが、嫁同士はそれぞれの知り合い筋から法律の専門家等まで担ぎ出してきます。

嫁同士は、もともとは何の関係もなかった赤の他人同士です。その赤の他人同士が対立すれば、最終決着は「家庭裁判所でつけましょう」ということになるのです。ひどいときには「兄貴とは一生縁を切る」などという事態もあります。相続の現場では「きょうだいは他人の始まり」とはよくいわれることなのですが、**くれぐれも「隠れ相続人」としての配偶者にはご注意を！**

Point 11

〝きょうだい〟に不平等があると、いざというときにもめる

「特別受益」という言葉をご存じでしょうか？　知っている方は相続問題についてかなり詳しい方ではないかと思われます。難しい法律問題なのですが、簡単にご説明しましょう。

不公平を是正する特別受益

相続とは、亡くなった方（被相続人といいます）の財産を遺言や遺産分割協議などによって相続人が引き継ぐことですが、遺言で特別に指定がない場合は「法定相続分」（52ページ参照）を基準として分けられることになります。ところが、被相続人が亡くなる前に特定の相続人だけに多めに財産を贈与していたとしたらどうでしょうか？

贈与した分だけ遺産が減っていると考えられますから、残った財産だけを法定相続割合に従って分けても「実質的には平等ではない」ということになります。

このように、**生前贈与や遺贈（亡くなった時点で贈与するという遺言による行為）によって**

特定の相続人だけが利益を得ることを「特別受益」といいます。

親の愛情は気持ちのうえでは平等でも金銭の配分は平等とは限らない

子どもが結婚するときに親が結納金を渡したりすることや、結婚式の費用を出してあげたりすることがありますが、これらの金銭・費用はその親の生活水準に照らして過大でなければ特別受益とはなりません。

ところが、結納金や挙式費用以外に「持参金」「支度金」「華美な嫁入り道具」などを持たせた場合は、それをもらった子どもは、将来における相続のときに他のきょうだいから「特別受益だ。相続財産に戻して遺産分割をするべきだ」と言われる可能性があります。

故郷を離れて大学進学をする子どもに、学費を払ってあげたり、生活費を仕送りしてあげたりすることがありますが、これらの支出は民法でいうところの「親の扶養義務」と捉えられますので、**たとえ兄（姉）が高校を卒業して働きだして、弟（妹）だけが大学進学していても、特別受益とはなりません。**

けれども、海外の大学に留学するための費用として何百万円もの支出をしたり、私立大学の

■特別受益に当たるのは……

・海外留学費用
・私立大学の医学部に進学した学費
・住宅購入時の頭金
・会社を興したときの開業資金
・結婚するときにもらった多額の生活費や華美な嫁入り道具

ありがとう!
【海外留学費用】
勉強してきまーす
【住宅の頭金】
わが家!

医学部等に進学して数千万円の学費がかかったりした場合は、特別受益とされる可能性があります。

住宅を購入するときに親の援助がある場合も多いと思われます。

もし、他のきょうだいはもらっていないのに、きょうだいの中で自分だけ自宅購入のための頭金を出してもらったような場合には、やはり特別受益として認められ、相続のときには「遺産の前渡しだ。頭金としてもらった分を相続財産に加えて（持ち戻して）相続財産総額を計算したうえで、遺産分割をする」などということになります。

特別受益を得ていた相続人は、相続時に仮に法定相続分であればきょうだいが平等な割合で相続するところ、先にもらっていた分だけ相続時には減らされるということです。

特別受益があるときの遺産分割はどうなる？

特別受益がある場合の法定相続分について簡単に見てみましょう。仮に被相続人死亡時の相続財産が預金のみ1500万円あったとします（債務はないとします）。相続人は2人兄弟で、兄だけが米国の大学への留学費用500万円を出してもらっていたとします。

被相続人が亡くなり、遺産分割協議のときに、兄が「兄弟仲良く預金1500万円を2人で750万円ずつ分けよう」と言ったところ、弟が、「兄貴が米国の大学留学時に学費が500万円かかったと聞いた。それは特別受益だから相続財産に持ち戻してもらう。従って相続財産は2000万円であり、法定相続分として俺は1000万円をもらう」と言えば、1500万円の預金のうち、弟が1000万円を相続することになり、兄は残りの500万円を相続することになります。

でも兄は先に500万円を親の財産から出してもらっていたわけですから、先の不公平が後

（相続発生時）で平等（兄弟が仲良く１０００万円ずつの親の財産を分け合った）になるわけです。

もし、このとき被相続人（この場合の兄弟の親）が、「兄には、米国の大学への留学費用を出していたから、私が死んだら残した財産の相続のことで、兄弟がもめるかもしれない。けれど、それは兄が勉学熱心であったからこそ援助したものだ。弟も望めば同じく留学費用を出していたが、弟は勉学熱心ではなかった。だから、私の相続のときに弟から『兄だけ留学費用を援助してもらったのだから、俺に相続財産を多く分けてほしい』などと言われないように、遺言に残しておこう」として、特別受益の持ち戻し免除（※１）を遺言に書いておくということは十分考えられます。

相続争いの要因となるような**特別受益があった場合には、被相続人は遺言を書いておくことが望ましい**といえます。

※１　例えば、遺言で「兄だけに拠出した留学費用については、特別受益として遺産分割の際に相続財産に持ち戻すことを免除する」などを記載します。

Point 12 親孝行の貢献度に大きな違いがあるともめる

遺産分割のときに法定相続分とは異なる割合にすることができる場合があります。「寄与分」といいます。

「寄与分」とは遺産分割のときに考慮される法的に評価される親孝行

ここでは、寄与分と認定されうる三つの類型ごとに具体的に見てみましょう。いずれの類型でも「被相続人の財産の維持または増加について特別の寄与をした」と認められることが要件となります。

（1）被相続人の事業に関する労務の提供

「農業」「漁業」「（商店などの）自営業」などのような「家業」を営んでいる被相続人のために、無給で長い間家業を手伝ったりしたことで、被相続人の事業を継続させたり繁盛させたりしした場合に、「被相続人の事業に関する労務の提供をして被相続人の財産の維持または増加について特別の寄与をした」と認められるような場合です。なお、他人を雇った場合とさほど変わらないような給料をもらっていたような場合や、たまに無給で手伝ったりしただけだというような場合には、特別の寄与があったとは認められません。

(2) 財産上の給付

親が営んでいた家業が傾きかけたときに、子どもの誰かが資金援助をしたことで家業が持ち直し、その後の経営が順調に運んだ結果、「相続財産の維持または増加に寄与した場合」には、寄与分が認められることとなります。

法文上の「被相続人の事業に関する労務の提供又は財産上の給付」についてですが、寄与分は必ずしも「事業に関する財産上の給付」に限定されるわけではありません。

共働きをしていた夫婦が双方の収入をもとに自宅不動産を購入し、どちらか一方の名義で所有した場合などに、「財産上の給付をして相続人の財産の維持または増加に寄与した」と認められる場合があります。

過去には、「中学校で教職を務めた妻が退職金を持参して、同じく中学校教諭の夫と婚姻したが、夫が病気で休職したため、再就職してその収入等によって住宅を購入して夫名義にしたが、その後に夫が亡くなった――というケースで、妻の寄与分を遺産の82・3%と認めた」という判例があります（和歌山家庭裁判所昭和59年1月25日審判）。

（3）被相続人の療養看護

親が重度の認知症を発症し、通常であれば老人ホームに入所するところ、子どもの一人が自宅でつきっきりで看護に努めたことで、老人ホームに入らずとも生活できていたようなケースです。

「被相続人の財産から老人ホーム費用等が支弁されずに済んだ＝被相続人の財産の維持または増加について特別の寄与をした」と認められる可能性があります。

なお、同居している、していないにかかわらず、もともと配偶者や子どもには「協力義務」や「扶養義務」がありますから、通常の看護の程度では特別の寄与とは認められません。

泥沼相続争いを防ぐために必要な遺言書

この中でも特に、（1）の自営業を手伝っていたような場合や、（3）の親の介護の世話をしていたような場合には、特別の寄与をしていなかった相続人から、「家業を手伝っていたのだ

から生活費を多めにもらっていたはずだ」「介護の世話をするといいながら親の預金からたくさんのお金を下ろしていたはずだ」などというような疑いの目で見られることもよくあり、このような場合こそが「泥沼の相続争い」となる典型例です。

特別の寄与をした相続人は「私の苦労も知らずに、相続するときだけ権利の平等を主張するなんて許せない」となりますから、寄与分はおろか遺産分割協議そのものがまとまらなくなります。

このような場合こそ、特定の相続人にお世話になっている感謝の気持ちを、被相続人は遺言書にしたためるべきといえるでしょう。特に、**相続人ではない息子の嫁に介護で多大な世話になっているような場合に、息子ではなく嫁に遺産を残してあげたいと思うようであれば、遺言は必須です。**遺言がない場合は息子には相続分はありますが、相続人ではない嫁には寄与分も認められず、遺産は一銭も相続されないのですから。

Point 13 「家族会議」は親に何かあってからでは遅い

親が認知症になってしまうと「意思能力がない」とされ、生前対策としての土地の売却やアパート建築などはできなくなります。また、相続争いを防ぐための遺言書の作成も困難になります。これからは実家と少しばかりの預金だけが相続財産となるような「ごくごく一般的な家庭」でも、やはりいろいろなトラブルを回避するためには、遺言書の作成が必要と思われます。

遺言適齢期の考え方

さて、それでは遺言書はいつどのようにして作成してもらえばよいのでしょう。

結婚適齢期が人それぞれに異なるように遺言適齢期も人それぞれに異なるものがあります。想像してみてください。例えば40歳でも遺言書は書けますから、海外出張などが多いビジネスマンの中には、「俺にもしものことがあったとき、残された家族に書き残しておきたい」というようなことは十分にあると思います。

しかし、そのようなことがあまり考えられない一般的な、いわゆる「働き盛り」の男性であれば、定年退職や会社の経営を引退するなどの節目以外、「これからまだまだ財産を増やしていこう」「会社を成長させていこう」と思っているようなときに、「自分がこれまで築いた財産を、自分が死んだ後どのように分けたらいいか？」などということはあまり真剣に考えることはないでしょう。

父75歳、母70歳、兄40歳、弟35歳の家族を例に考えてみましょう。

父母が暮らす実家は大都市近郊とはいえちょっとした郊外にあります。兄は東京で自分の家族とともに暮らしています。弟は実家の近くで独立してやはり自分の家族と暮らし

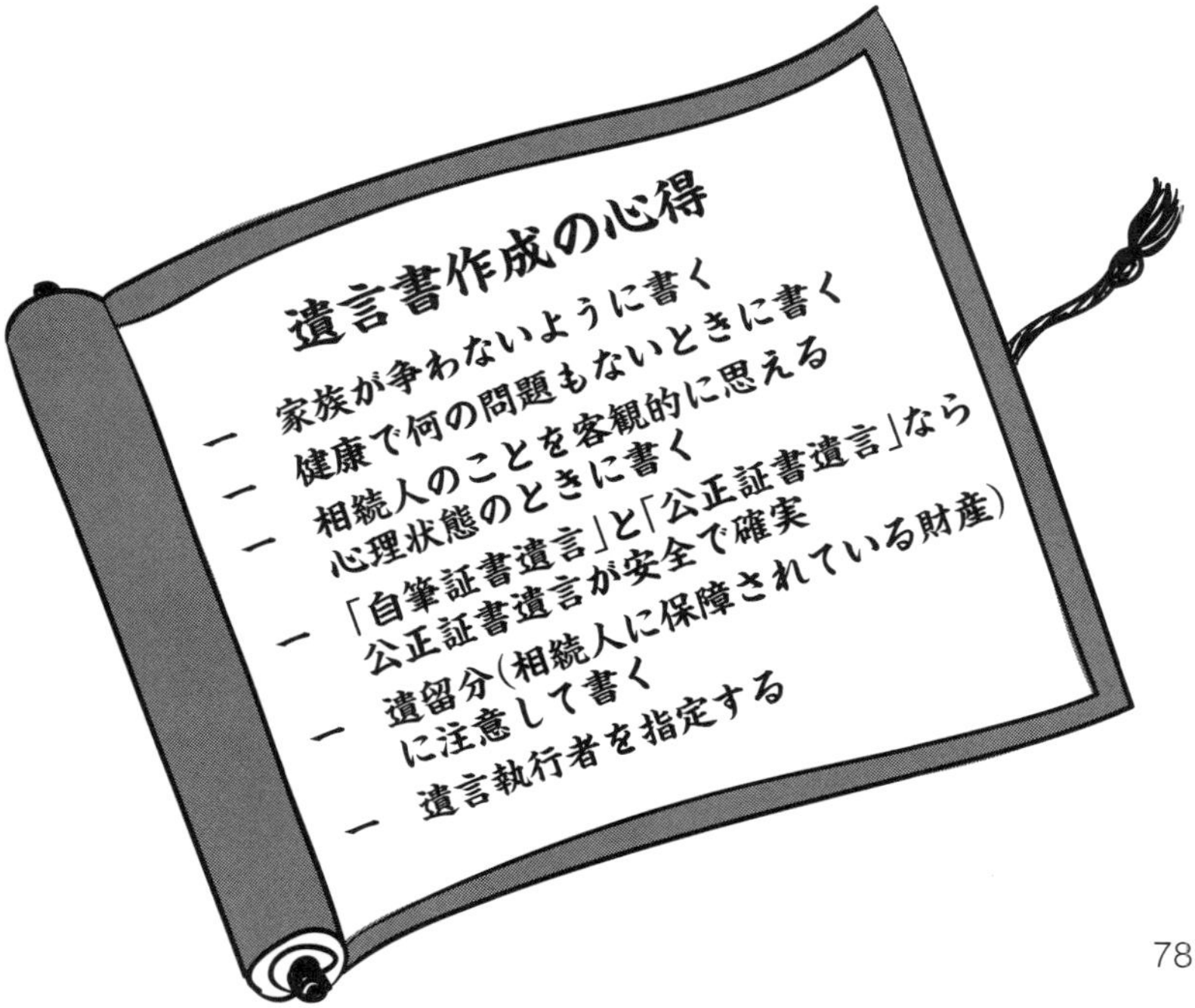
遺言書作成の心得
一 家族が争わないように書く
一 健康で何の問題もないときに書く
一 相続人のことを客観的に思える心理状態のときに書く
一 「自筆証書遺言」と「公正証書遺言」なら公正証書遺言が安全で確実
一 遺留分（相続人に保障されている財産）に注意して書く
一 遺言執行者を指定する

ています。

今は父母ともに健康で何の問題もなく2人仲良く暮らしています。しかし5年、10年たつとどうでしょうか？ 人によっては足腰をはじめ体力が衰えたり、場合によっては認知症になったりしてしまうかもしれません。そうすると、不自由になった親はどうしても近くに住んでいる弟に何かと頼りたくなるものです。弟も実の親が困っていれば、当然に役に立ちたいと思うはずです。

そのような状況になってから先行きのことを考えて遺言を書く、あるいは書いてもらおうとした場合には、高齢で気弱になっている親の心理状態であれば、何かと世話をしてくれる弟に「本当は平等に扱いたい兄弟だけど、お世話になった感謝の気持ちを込めて、弟に多めに財産を残したい」と考えても何の不思議もありません。結果的に弟に多く財産を残すような遺言になるかもしれません。

でも、兄は地元の大学を卒業して、就職のために東京に出ました。そして就職してから自分の力だけで一人暮らしをして、一生懸命働いて貯めた頭金でローンを組んで自宅を購入しました。

一方で、弟は地元の高校を出たものの、長いことアルバイト生活をしながら実家で親のすねをかじっていました。最近になってようやく正社員としての働き口を見つけ、すぐに好きな人ができて結婚して実家から独立したものの、金銭的には余裕がなく、相変わらず実家の親から生活費の援助を頻繁に受けている……。こんなケースだったらどうでしょうか？

引き継ぐ子どもが親と一緒に考える大切な「親の資産承継策」

このような兄弟間で、親が高齢になって子どもの世話になるようになってから遺言を書いてもらうと、本来親が子どもを平等に思っていた気持ちとは異なる結果になることも往々にしてあるのです。

ですから、**遺言を書いてもらうのに適した時期は親が健康に何の問題もないときで、相続人のことを客観的に思える心理状態である時期**になるのではないでしょうか。

元気な状態の親に「遺言書を書いてくれ」とはなかなか言い出しにくいものです。ですから、必ずしも遺言を書いてもらうことを目的とせずに、「仮に親が遺言を書こうとしたときに、どのような内容にしたらいいかを考える」ための、いわば「現在の親の資産を将来にわたって誰がどう守っていくのがベストなのか？」といった、資産運用方法を親子で考えるというような

場をつくることがとても重要です。

一昔前とは違って土地は持っていても上がるものではなく、建物が古くなれば修繕費に莫大なお金がかかったり、親が元気で長生きすれば「バリアフリー改修工事」なども必要になってきます。

万一親のどちらかが亡くなったときに残ったほうの親が体を悪くしていたら誰が同居して面倒をみるのか？ あるいは親が老人ホームに入るのを望むのか？ そのためのお金はどうするのか？ そういったことを「そうなる前に」家族全員で話し合うことは、相続対策にもなりますし、遺言を書くときの準備にもなります。

社会情勢や金融情勢、親の健康状態などどれをとっても変化していきます。必ずしもある時点で「決めて固定化する」必要はありません。必要なのは「家族が揃って自分たちの将来を考える話し合いをする」ということなのです。

Point 14

親が認知症だと相続税対策ができない

65歳以上の高齢者の実に4人に1人の割合で「認知症またはその予備軍」の方がいるそうです。高齢者の方の財産管理の場面では往々にして厄介な問題となります。財産管理の重大な出口が「相続問題」なのですから、これから話すことは「とても気になる」話です。

意外と知らない「成年後見制度」

さて、超高齢社会といわれる日本においては、認知症の高齢者の方への日常生活におけるケアが非常に大切なのですが、そのための制度として**「介護保険制度」**と**「成年後見制度」**という二つの制度が2000年4月1日に同時にスタートしました。介護保険の適用を受けなければならない要介護の人には、契約関係を自分では判断できない人がいて、その人を後見して契約関係を処理する「成年後見制度」ができたのです。

認知症になった人が詐欺まがいの悪徳商法にだまされて契約して被害にあわないように守る

日本における認知症の人の将来推計

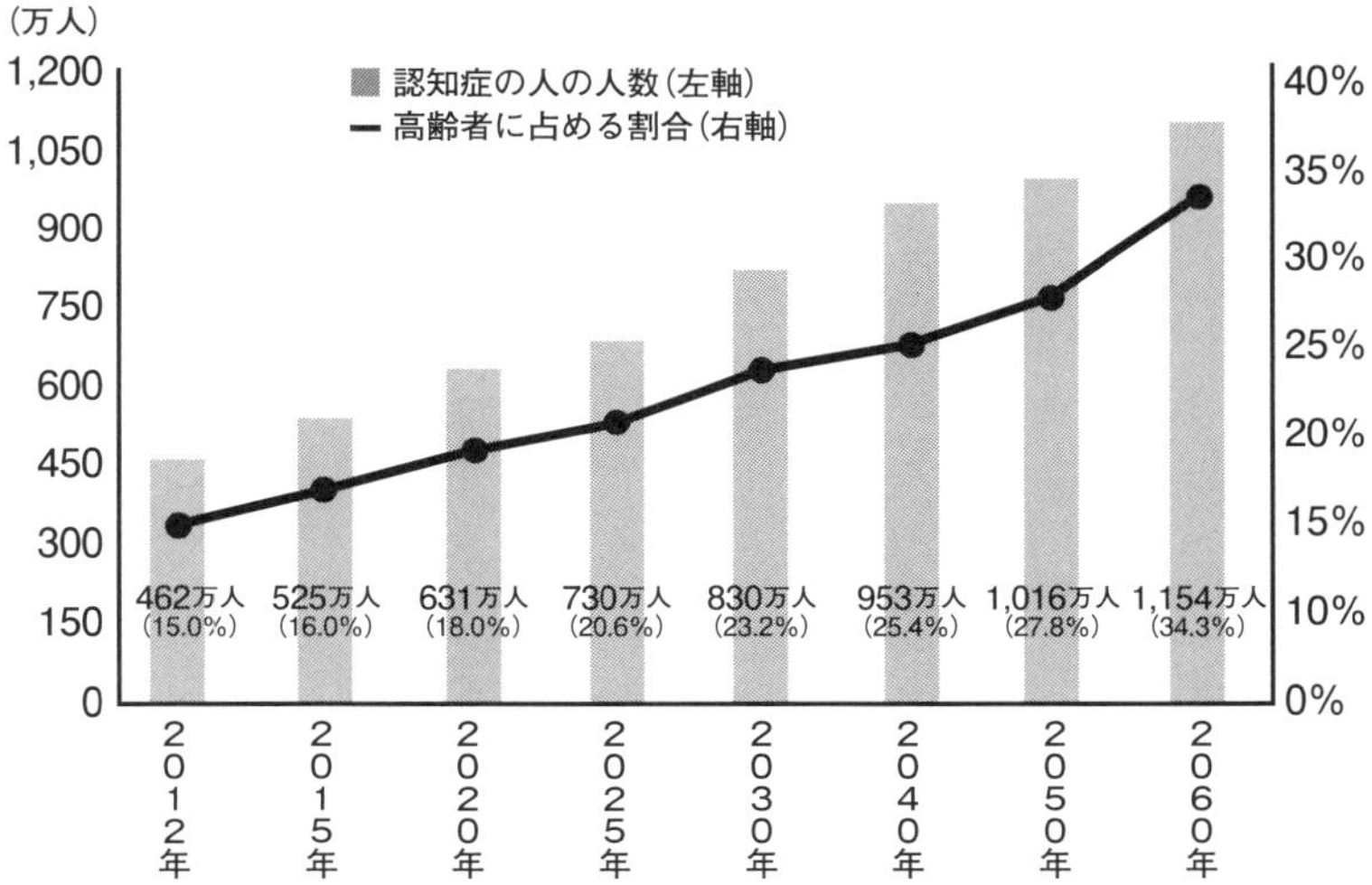

資料：厚生労働省「認知症施策推進総合戦略(新オレンジプラン)〜認知症高齢者等にやさしい地域づくりに向けて〜の概要」より

ことや、自分では適正な判断ができないようなときに代わりに介護施設の入所のための契約をしてくれるなどの「成年後見人等」を、本人や一定の親族等の申し立てによって家庭裁判所が選任してくれます。これを**「法定後見制度」**といいます。

　また、今はまだ十分に判断能力がある方でも、「いつか認知症になったときに財産をだまし取られたりしないように」と考えて、本人の意思能力があるうちに契約によって任意後見人に依頼しておくのが**「任意後見制度」**といわれるものです。任意後見制度も法定後見制度と同じく成年後見制度です。

相続税対策では「成年後見制度」は足かせ

ハウスメーカーが勧めている商品に、「賃貸併用住宅」というものがあります。親が生きている間に古い木造住宅を建て替えて、例えば1階・2階は賃貸住宅、3階は親の自宅というような新築建物にしておくことで、近い将来発生する相続税の軽減になるというものです。

このような**相続税対策をしようとするときに問題となるのが、きょうだい間の意見の相違以外に親の認知症の問題です。**

長男は古い実家の建て替えに賛成しており、長男の勧めで親が賃貸併用住宅の建築契約をしたとします。ところが次男が「賃貸アパートの経営をするよりも親が亡くなった後に土地を売って代金を分けてほしい」と思っていて、「親父は認知症だったから意思能力がなかった。従って建築契約は無効だ」などと主張されると、裁判を通じて契約の無効の判決が出る場合があります。

それならと、「認知症だというなら成年後見人をつけてもらって、その後見人に代理人として建築の契約をしてもらおう」と考える方もいるでしょう。でもダメなんです！　確かに、成年後見人は認知症の方の代理人として契約する権限を与えられていますが、それは「認知症である人の利益のためにのみ契約行為等を行う」とされているのです。

新築建物を建設するには相当高額な資金が必要です。よくある相続税節税プランは、「所有する土地の上に、銀行からローンを借りてマンションを建てる」というものですから、「認知症である本人が高齢であるにもかかわらず莫大な借金をすることは本人の利益に反する」として、成年後見人が申請しても家庭裁判所には認めてもらえないのです。

同じようなことは遺言書の作成でも起こります。まず、**「意思能力がなければ遺言をすることができない」**と法律で定められています。ですから「意思能力があったか、なかったか」が争いになるような認知症の症状があれば、後になって裁判で無効とされる恐れがあります。最も安全確実と思われている「公正証書遺言」であっても、作成時に認知症であったことが証明されて裁判で無効になる例が結構あるのです。ましてや「自筆証書遺言」においては、証人なしでいつでも本人が好きなときに書けますから、「認知症の症状が出ていたときに兄貴にそそのかされて書いたものだ。無効だ！」などという弟の主張がされることもままあります。

「相続税対策」をきちんと立てたい方は、**ぜひ普段から家族のコミュニケーションを密にして、親が元気なうちに対策を講じてください。**

Point 15

もめやすい「遺産分割協議」に臨む心得とは？

遺言がない場合は、遺産分割は簡単にはいきません。まず「遺産分割協議」といわれる話し合いを行って、すべての相続人が合意する必要があります。そして、全相続人が実印を押して印鑑証明書を添付した「遺産分割協議書」を完成させることによって、不動産や預金等の遺産の名義変更をすることができるようになるのです。

それまでは預金を下ろして使ったり、不動産を売却して納税資金を工面しようと思ってもできません。

必ずもめる「遺産分割協議」

これまで、「ウチの遺産分割協議はあっという間に終わったよ。もめ事は一切なしだよ。ただ集まってハンコを押しただけだよ」などという話はめったに聞いたことがありません。

なぜかといえば財産がまったくないという場合は別として、分けなければならない財産が少しでもあれば、「どうやって分けようか」という話し合いをしなければなりません。ここには相続財産を金銭に置き換えた場合の分け前に関する損得勘定もあります。

あるいはそれまでに親にかけてもらってきた教育費の差があったり、子ども時代にさかのぼれば「兄（姉）ちゃんばかりかわいがってもらった」などという感情的な問題があったりします。父親が亡くなって母親が相続人の中にいる場合は母親の手前で遠慮も働きますが、母も父も亡くなったきょうだいだけの相続では遠慮はまったくありません。


現実的に一番多いパターンは、「親父が残してくれた実家の土地建物の評価額が4500万円、預金が500万円」というようなケースではないでしょうか？

すでに母親も亡くなっていてきょうだい2人で相続する場合を考えてみます。法定相続分で分けるなら次のようになります。


（4500万円＋500万円）÷2人＝2500万円

しかし現金は500万円しかないわけです。実家を売らない限り「平等な」法定相続分での遺産分割はできません。

この例では2014年までなら相続税の基礎控除枠内で相続税はかかりませんでした。2015年からは基礎控除額（2人の相続人なので3000万円＋600万円×2人＝4200万円）を上回るため、相続税課税対象となります。

もしこのきょうだいのうち**「小規模宅地等の特例」**（第3章-21参照）の要件を満たす相続人がいれば、その者が相続することで相続税はゼロにすることができますが、話し合いがまとまらずに申告期限が来ればいったんは相続税を現金で払わなければなりません（この例ではきょうだい合計で80万円、1人当たり40万円です　※57ページ参照）。

きょうだいは「平等」ではなかった！

さあ、このような場合、遺産分割協議はどうすればいいのでしょう。節税を優先するか？　それともあくまでもきょうだいは平等に遺産を分割するべきなのか？

こんなとき遺言さえあったら「不平等でも親の遺言に従うしかない」と諦めもつくところですが、法定相続分という変なところで「きょうだいは平等」という法律の考え方に邪魔をされてしまいそうです。

でも、きょうだいのある人なら必ず気づくはずです。生きてきた人生の中で「きょうだいは平等ではなかった」ことに。生まれた年の差は大人になってもずっと差があるままです。子ども時代には「兄（姉）ちゃんだから我慢しなさい」などと親に言われ続けたこともあるでしょう。一方で食事のときには体の大きいお兄ちゃんがいっぱい食べていたりします。そうです。

いつ いかなるときも、きょうだいは平等ではないのです。

さて、遺産分割協議の場面に話を戻します。男2人の兄弟で、兄が結婚して家庭を持ってもずっと実家で親と同居していたとします。親が両方亡くなると遺産分割協議でもめる兄弟では、

「兄貴は親父たちから生活費も援助されていたんじゃないのか？　遺産ぐらい平等に分けてもらいたい」

と弟が言えば、兄は、

「なに言ってるんだ！　親父やお袋の老後の面倒をみたり、葬式や法事の段取りもすべて俺がやってきたんだ。俺が実家を相続するのが当たり前だ」

という主張になります。

こんなことを相続税の申告期限まで言い争ってしまえば、結局は相続税を余分に支払う羽目になるだけではありません。実家という貴重な財産は分けるに分けられません。弟が裁判をしてでも実家を売り払ってその代金を半分もらうという暴挙にでない限りは、いつまでも遺産は分けられないままになります。もちろん銀行には「５００万円の預金が手付かず」です。

どうでしょう？　誰も得をしない、税金を払った分だけ全員が損をしているともいえそうです。

遺産分割協議を解決するのは「平等」ではなく「計算された公平」

この問題を解決するキーワードは「公平」です。この家でも、長年暮らしている間に兄は家が傷まないように一生懸命掃除をしたり痛んだ箇所の修繕をしたりしてきたことと思われます。その土地に根付いて暮らしていくために隣近所とのややこしい付き合いもあったことでしょう。そのような努力や苦労はなかなか金銭的には評価されにくいものです。

こう考えるとどうでしょう。相続してからも30年はその家で暮らすとしたら、土地建物の固定資産税が毎年仮に10万円だとして、建物の維持管理にかかる修繕費が毎年20万円はかかるとしたら、30年間にかかる支出は総額900万円にもなります。

仮に兄がこの家を4500万円で引き継いだとしても、計算上は最低でも900万円は引いて考える必要があります。

30年後、遺産がどうなっているかを考える

別の側面で考えてみましょう。バブルの頃までは「土地神話」がありました。不動産は持っていれば価値が上がるといわれていました。今はどうでしょうか？

バブル崩壊以降失われた20年を経てデフレ不況下では「土地の値段は下がり続けてきた」のです。今でこそ東京オリンピックを控えて都心の人気のある場所だけは土地の価格が上がっているようですが、日本全体でいえば、「人口減少社会の中で需要が減退し続けているから不動産価格は下がる」といわれています。

兄が相続する時点では4500万円の評価額であっても、30年後にはいくらになっているかは分かりません。それほど人気のある場所でもない場合なら、30年後はもしかしたら1000万円くらい下がっているかもしれません。そうすると、**4500万円で実家を相続しても、30年の間に固定資産税と修繕費（900万円）を払って維持する財産の価値が1000万円下がっていたら、相続財産の30年後の価値は2600万円です。**

一方で、500万円の預金だけを相続したらどうでしょう？　今の銀行では定期預金金利は年利0・1~0・2％（1年もの）程度が多いので、「ただ30年間銀行に預けておく」だけではダメですが、「配当利回りが約5％」くらいの優良企業の株式のように、買っておいて売らずに持っているだけで「割と安全だけどそこそこ儲かる金融商品」もあります。

もちろん、株式は「元金」に相当する部分が上がったり下がったりしますから、一概に30年

■兄4,500万円の実家相続 vs 弟500万円の預金相続 30年後の資産は？

父親が残してくれた実家の土地建物の評価額　4,500万円
預金　500万円
合計　5,000万円

30年後（兄）

固定資産税
10万円/年 × 30年 ＝ 300万円
修繕費
20万円/年 × 30年 ＝ 600万円
合計 900万円

財産価値が1,000万円下がると、
相続財産の30年後価値
＝ 4,500万円 ― 900万円 ― 1,000万円
＝ **2,600**万円

30年後（弟）

優良企業の株式などの金融商品を年利5%で複利運用

30年後の預金高
＝ 500万円×(1＋0.05)^{30}
（元本）　（年利率）（年数乗）
＝ 約**2,160**万円

※税金等は考慮していません。

たったら儲かるとは限りません。配当がもらえても元金が大幅に下落していたら結果的には損をする場合もあります。

けれども、倒産する可能性が極めて低い一部上場企業の中にも5％程度の配当をしている会社はありますから、**仮に「500万円を年利5％で複利運用」したら30年後にいくらになると思いますか？**

配当所得等の税金を度外視した場合の複利計算結果だけでいえば、**「約2160万円」です！**

どうです、ものは考えようではありませんか？　4500万円の古くなった実家を相続する兄と、500万円の預金を相続する弟の30年後まで考える遺産分割協議は、思いもよらない結果になるのではないでしょうか？

残してくれた親の思いも引き継ぐことが大切

財産を相続するということは決して「濡れ手で粟」というわけではありません。実家を相続するということは、それを維持管理していく費用までも背負うということでもあります。もちろん銀行預金だって相続して銀行に預けておくだけではほとんど増えません。むしろ使えば減っていくだけです。

遺言があれば、親が相続人である子どもに対して「この財産をあげるのだから○○もしてほしい」という言葉まで残される場合もあります。よくあるのは「長男には実家を相続させるので、母さんの面倒を頼みます」というようなものです。

遺言がない場合は、相続人は想像力を働かせる必要があります。相続財産そのものは相続人固有の財産ではありません。あくまでも亡くなった親などが残してくれた財産を引き継ぐという立場なのです。

その際に求められる発想は「どうやって得をするか」ではないはずです。親は子どもが生まれてから成長するまでは「きょうだいをなるべく公平に扱おう」と思っています。ですから相続財産を分けるときは何の感情もさしはさまない計算上の「平等」ではなくて、親だったらどう「公平」をつくり出しただろうかという想像を働かせるのです。

遺産分割をするときのきょうだいの経済的な状況も千差万別です。兄（姉）はお金にはそれほど困っていなくても、弟（妹）が困っていたなら、思い出のある実家を売り払って現金を用意して半分を渡すことだって大いにあってもいいでしょう。

大切なことは**「残してくれた親ならどうするだろうか」ということに思いを馳せること**ではないでしょうか？

Point 16

相続をめぐる紛争の大部分は、遺産が少額な場合に起きる

かつてお金持ち一家の相続争いは、2時間ドラマの定番ネタでした。少し前にも『遺産争続』というテレビドラマが話題になりましたね。このドラマもそうでしたが、どうやら私たちは「相続をめぐるトラブルはお金持ちだけに起きること」だと、まるで他人事のように思っていないでしょうか?

相続争いは「お金持ちの家」ではなく「庶民の家」で起きている

意外なことに実はいま相続トラブルはお金持ち一家ではなく、むしろ庶民と呼ばれる人たちの間で起きているのです。

実際、興味深い数字があります。**家庭裁判所に持ち込まれる「相続争いの紛争」の4分の3は、遺産総額が5000万円以下の比較的少額な争いなのだそうです。**

これからの日本では、亡くなる人の数がとても多くなることが歴然としています。亡くなる

遺産分割調停の申し立て件数

(件数は調停と審判の合計)

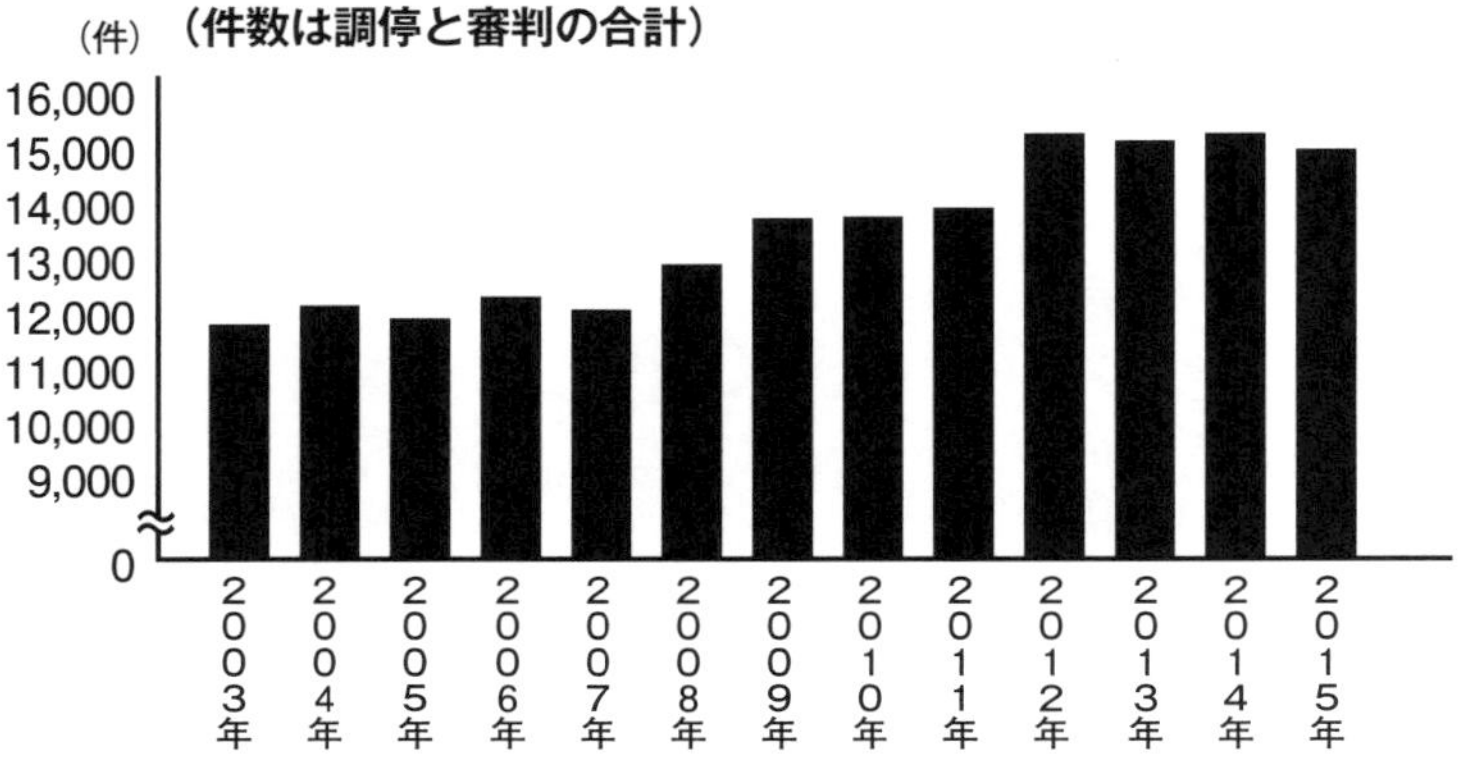

資料：最高裁判所「司法統計年報」(平成27年度)より

遺産分割調停の大半は遺産5,000万円以下

(2015年の調停などの成立件数ベース：総数8,141件)

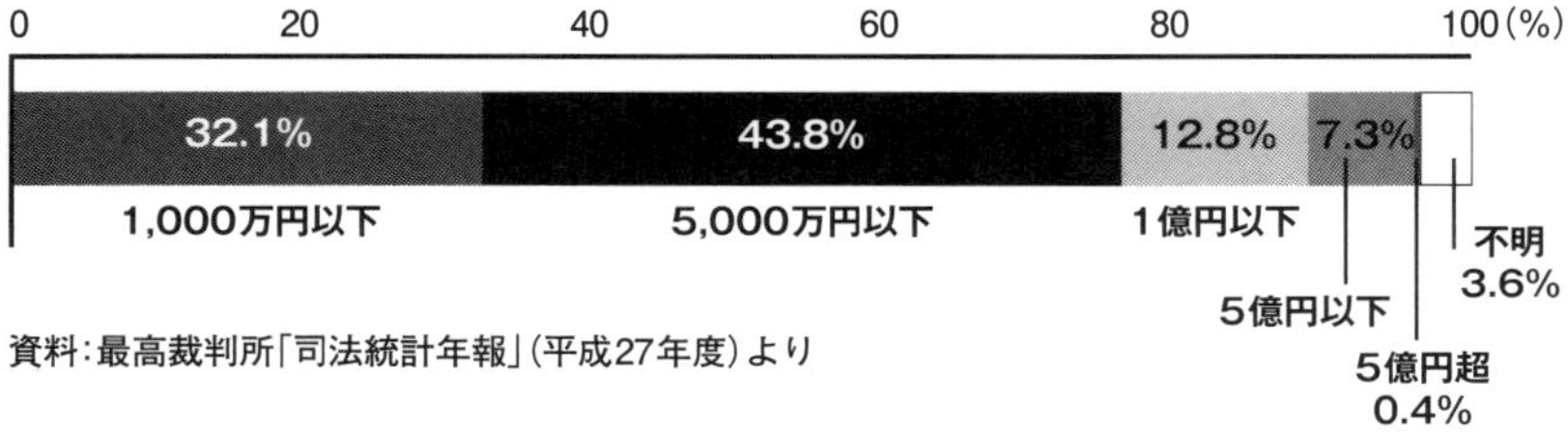

資料：最高裁判所「司法統計年報」(平成27年度)より

人の数が増えているのですから、当然に相続の発生件数が増えています。

でも、どうもそれだけが原因とはいえないくらい、家庭裁判所における相続事案の件数が大幅に増えているようなのです。その背景を探ってみると、その原因は、「親子間の経済格差の拡大」のようです。

遺産分割は気をつけなきゃ泥沼！

金銭だけが遺産なら多少もめたとしても、最後は「法定相続分どおり」で分ければ済むのですが、今まさに問題となっているのが「都心にある実家の相続問題」なのです。

遺産分割の泥沼化の最初は**「遺産分割協議」**です。複数の相続人が話し合いを行うことですが、それぞれが仕事を持っていたり離れた場所に住んでいたりと、この話し合いはもめる、もめない以前に「進行が遅い」という必然があります。そして一度もめだせば「泥沼化」の必然も出てきます。もめるケースでは最低でも1年くらいはかかるようです。

そしていよいよ「話し合いがつかずに法廷に持ち込まれる事態」に発展します。この法的手続きは「まず最初に家庭裁判所において話し合いをしなさい」と決められており、これがいわゆる**「遺産分割調停」**といわれるもので、担当裁判官のほかに「調停委員」といって弁護士や公認会計士などの有資格者がもめている当事者の間に入って、話し合いを円滑に進めてくれるのです。

この調停は半年から1年かけて話し合いが行われますが、めでたく話し合いで「調停成立」となるのは約6割なのです。相続人が争うのをやめて調停を取り下げて終わる場合もあるものの、「調停不調」となった場合は自動的に**「遺産分割審判」**という手続きに移行します。「審判」

とは、損害賠償請求などの「裁判」と同様の手続きが行われるもので、双方が主張・立証を繰り返していくものですから、やはり半年から1年はかかってしまいます。

「遺産分割協議」に1年、「遺産分割調停」に半年から1年、「遺産分割審判」に半年から1年かかったとすれば、合計で2年から3年はかかることになります（もちろん、審判という裁判所の決定に不服申し立てをする場合はもっと時間がかかります）。

「財産は都心にある実家だけ」の相続は、不動産相場を意識せよ

プロローグで述べたとおり、不動産価格は東京オリンピックをはさんで5年後にはもしかしたら「16％の下落」もありえます。実家の相続問題がこじれて調停や審判ということになれば、その間に実家の価値が「5年で16％」くらいは下がるかもしれないのです。

大都市圏にある戸建てなど土地面積がそこそこあるような実家は今なら最低でも5000万円くらいの価値はあるものです。そうすると「5000万円×0・16＝800万円」ですので、延々と話し合いをしている間になんと800万円も損することになりかねません。

このような場合には、**常に「話し合っている間に実家の値段が下がっていく」ことを念頭に置く必要があるのです。**

第3章

「実家」の落とし穴

Point 17

実家の登記名義人を知っていますか？

あなたの実家は親が初めて建てた、あるいは購入した家でしょうか？　それとも親の親、すなわち祖父母の代から所有していた家でしょうか？　自分の実家が祖父母の代から所有されていた場合は、念のために実家の登記簿謄本を調べてみてください。

登記名義人は被相続人とは限らない

戦前のわが国には「家督相続制度」というものがありました。簡単にいえば「その家を継ぐ者（男子、年長者が優先されていました）がすべての財産を引き継ぐ」というものです。

あなたの父親は8人きょうだいの長男です。祖父から実家を含め財産をすべて相続しました。そして父親が80歳で亡くなり、一人息子のあなたが実家を相続することになりました。

あなたはすでに便利な都心にマンションを買って住んでおり、実家に戻って住むつもりはありません。父親から相続した実家は早々に売却することを決め、近隣の不動産業者に仲介を依頼することになりました。

すると不動産業者から、「お客さん、登記簿を調べてみたところお客さんのお父さんの名義になっていないようです」と言われて登記簿を見てみると、なんと名義が祖父のままになっているではありませんか。不動産業者からは、「まず、おじいさんの相続人調査をしてください。そして相続人を確定し、その方々からお客さんへの相続の承諾をとっていただいたうえで、お客さんの名義に登記を変えてきてください」と言われてしまいました。

「相続人が20人いた！」なんてこともありうる

さっそく不動産業者から紹介された司法書士さんに頼むことにしました。プロである司法書士をもってしても、さすがに80歳で亡くなった父親のきょうだいをはじめとする相続人関係調査は難航を極めました。

ようやく2カ月ほどたって「全部で相続人が20人いらっしゃいました。これからその方々全員に実印押印してもらって印鑑証明書を添付した遺産分割協議書を作成しなければなりません」と言われたときには、「もう実家の相続手続きも売却も諦めてしまおう」と思わざるを得ないあなたでした。

親戚付き合いが少しでもある間柄であれば、「おじいちゃんが言い残した遺言どおりにあなたのお父様が守ってくれてきた家を、今度はあなたが引き継いでくれるのですね」と気持ちよくハンコを押してくれる相手もいることでしょう。

ですが、相続人がそんな優しい人ばかりとは限りません。「いくらかにはなるかもしれない財産の相続権がある」という降って湧いたような話に、「少なくても数十万円はもらえるのではないか？」と考える人も当然に出てきます。

相続人
ハンコ代 10万円 ちょうだい
200万円
ギャー
そんなにいたの!?
手間賃もね！
赤字？

そうなるといわゆる「ハンコ代」といって、「相続権は主張しない代わりに手続きに応じる手間賃として10万円くらいは払ってほしい」などという話が出てくるのは世間ではよくあることなのです。

仮におじいちゃんの相続人20人全員が同じようにハンコ代を要求したなら２００万円もかかってしまいます。都会の土地なら最低でも１０００万円以上で売れるかもしれませんが、田舎の土地だといくらで売れるかも分かりません。司法書士への報酬、不動産業者への仲介手数料、税金等を考えたら、「とてもじゃないが割に合わない。もう放っておくしかない」と思ってもおかしくありません。

相続登記しなくても固定資産税は支払わされる

もし、あなたが父親から相続するはずの実家について、**相続手続きをせずに放置していたとしても固定資産税は支払わされます。なぜなら、相続登記は必ずしも義務ではないのですが、固定資産税の支払いは義務だからです。**

従って、祖父から父へ名義変更はされていなかった不動産の固定資産税を父親が払っていたとするなら、市町村役場としては「名義は祖父でも実際の所有者は父である」とみなしています。そうすると、一人息子のあなただけが相続人であったなら、市町村役場の固定資産税徴収係は、「あなたが新しい所有者として固定資産税を払ってください」と言ってくるのです。

「売れないなら貸し出そう」と考えたとします。けれども、賃貸の仲介業者も借主に対する重要事項説明を行う義務があります。その中では「誰が登記名義人であるか」を説明する義務があるのです。そうすると仲介業者は、「大家さんのおじいさんが登記名義人ですが、すでに亡くなっています」という説明をすることになります。

そう言われても気にしない賃借人であれば借り手がつくかもしれませんが、普通の人は「何となく嫌だな」と思うのではないでしょうか？　加えて、実家を賃貸するためにはそれなりのリフォームも必要となります。借り手がつくかどうか分からないのに、数十万～数百万円ものリフォーム代をかけることができるでしょうか？

こうして「売ることも貸すこともできないまま空き家として放置されている」実家がいかに日本全国に多いことでしょう。それが社会問題化したために「空家等対策の推進に関する特別措置法」（第5章-38参照）という法律までつくられて施行されることになったのです。

Point 18

相続した実家がまさかの欠陥住宅だったら？

例えば、あなたが実家に1000万円の価値があるという前提で実家を相続し、あなたの弟と妹はそれぞれ現金で1000万円ずつ相続するという遺産分割が成立したとします。ところが、後で実家に大きな欠陥が見つかって、その修理費用に900万円もかかるとしたら、あなたはどうしますか？

相続人の担保責任

「安心してください。担保されているんです！」

どういうことかといえば、法律上は相続分が平等であるきょうだいが、仮に法定相続分で遺産を分割したとしましょう。そのとき、実家という不動産を相続した人には、実は「隠れた瑕《か》疵《し》」（極めて難しい法律専門用語です。「隠れた」＝一般的な注意では引き渡し時に気づけなかったという意味。「瑕疵」＝欠陥やキズという意味）というものが潜んでいるリスクがあります。

いわゆる「見た目は分からなかったけれども、住んでみて初めて土台がシロアリに食われてボロボロだ」などというような場合に、公平なはずの相続が不公平な結果にならないように、法律（民法911条）できちんと手当てされているのです。

●民法911条（共同相続人間の担保責任）
各共同相続人は、他の共同相続人に対して、売主と同じく、その相続分に応じて担保の責任を負う。

相続人全員が納得のいく解決方法は？

では、どのように解決できるのかといえば、実家を相続した人が、900万円の修理代について、相続分に応じて、弟と妹にそれぞれ300万円ずつの損害賠償を請求できるというわけです。

相続した土地を測量してみたら10坪も土地が少なかった。「坪100万円で評価した土地だから1000万円も少なく相続していた」などというような場合も、同じく他の相続人に対して相続分に応じた損害賠償が請求できます。

ただし、この損害賠償請求は「隠れた瑕疵を知った時から1年以内」に限られていますので、くれぐれも相続した不動産に欠陥があることが分かったら、損害賠償請求をする期間には気をつけてください。

被相続人は遺言を残すことで瑕疵担保責任を減免できる！

冒頭の例のように実家をどうしてもあなたに継いでほしいと親が考えていた場合でも、すでに実家が老朽化してボロボロだったりしたら、あなたは実家を相続するのをためらいますよね。弟や妹にしても、遺産分割した後に実家のことでもめるのは嫌ですよね？

このような場合を想定して、民法には遺言で遺産に関する担保責任を指定することができる規定があります。

●民法914条（遺言による担保責任の定め）

前3条の規定は、被相続人が遺言で別段の意思を表示したときは、適用しない。

例えば、被相続人が遺言の中で、

「長男に実家を相続させる。現金2000万円は、長男に400万円、次男に800万円、長

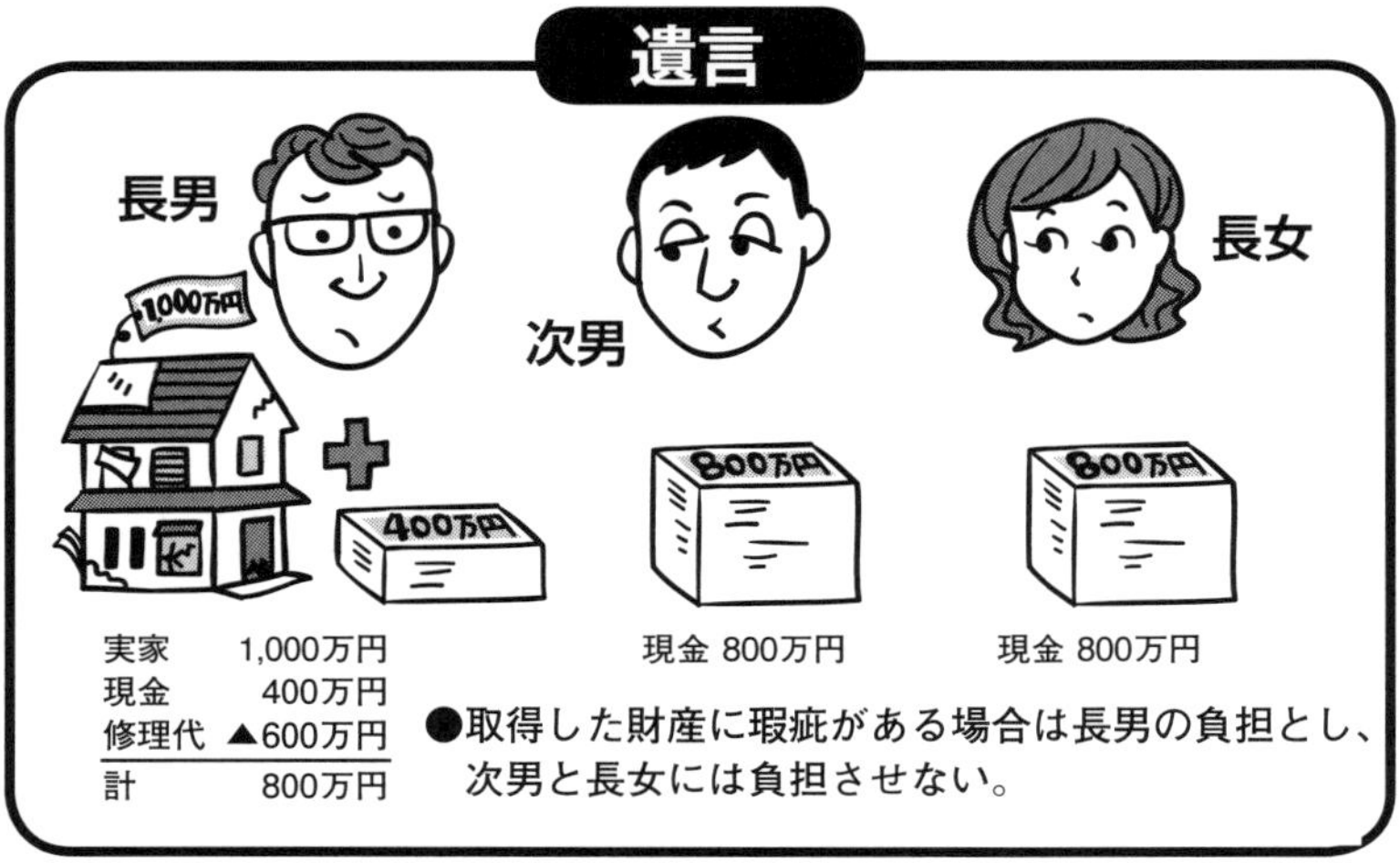

長男の相続分：
1,000万円（実家）＋400万円（現金）
－600万円（修理代）＝**800**万円
次男の相続分：**800**万円（現金）
長女の相続分：**800**万円（現金）

＞

遺留分（法定相続分の半分。この場合、相続財産は、実家1,000万円と現金2,000万円で合計3,000万円。子ども3人の法定相続分は1,000万円なので、その半分500万円が遺留分となる）
＝**500**万円を侵害していない

女に８００万円ずつ相続させる。なお、取得した財産に瑕疵がある場合は長男の負担とし、次男と長女には負担させない」

と書いておけば、仮に実家（１０００万円相当とします）がボロボロで長男が住むためには６００万円の修理代がかかるとしても、相続した後で修理代でもめることがなくなります（次男、長女の相続分と同額だから）。

もっとも、修理代が６００万円より少なくて済む場合は次男と長女は損したと感じるかもしれませんし、修理代が600万円より高くつけば長男が損したと感じるかもしれません。しかし、いずれにしても次男、長女がそれぞれ500万円以上相続していれば「遺言に問題なし」とされます。

どういうことかといいますと、もともと3000万円の遺産分割における（相続人がきょうだい3人だけだとした場合の）**3きょうだいそれぞれの遺留分（最低でももらえるはずの遺産の分け前）は500万円（法定相続分の半分）ずつだからです。**

この例では長男が実家（1000万円）と現金400万円で合計1400万円を、次男と長女は現金で800万円ずつ相続しますから、法定相続分よりも長男がたくさん相続していますが、遺留分を侵害していないので法律的には問題がない遺言となります。

ただし、遺言をもってしても遺留分は侵害できないとされていますから、仮に実家の修繕費が1000万円かかった場合には、長男の実質的な相続財産が、1400万円－1000万円＝400万円となり、500万円の遺留分より少なくなってしまいます。

遺言によって遺留分を侵害されたということになり、法的に問題があるとされるかもしれません。

ません。中には、遺留分を侵害していることを分かっていて、遺言の中で「子どもたちは、残された高齢の母親のためにも遺留分減殺請求をしないでください」(このように遺言の中で法的拘束力を持たないメッセージのようなものを「付言事項」といいます)とまで書かれている遺言もあるくらいです。

とはいえ、遺留分は遺言に優先することが法律で定められていますので、「遺留分減殺請求をしないでください」という言葉は、お願いであって法的な効力はありません。尊重するかしないかは相続人の意思によることとなります。

＊　　＊　　＊

遺言書が見つかってその内容を知ったときに、単純に財産の分け方だけ書いてあり、何の理由も説明されずに自分の相続財産が法定相続分よりも少なかったとしたら、たいていの人は納得できないでしょう。ましてや遺留分を侵害している(法定相続分の半分に満たない)場合などは、理由が分からなければ「納得できない。遺留分減殺請求権を行使する!」と息巻くことでしょう。

遺留分を侵害するような遺言書を残す場合には、付言事項にきちんと「なぜそのような遺産の分割をしてほしいのか」ということを相続人が納得するように書いておくことが絶対に必要なのです。

知って納得！コラム❷

遺言を書くときは「遺留分」に注意して相続人に納得してもらえる「付言事項」を！

遺言があっても泥沼相続になってしまう場合として「遺留分を侵害した遺言」というものがあります。遺産分割において遺言がある場合は何にも優先して遺言の定めを尊重すべきとされていますが、民法ではその遺言によっても侵害することのできない相続人の権利が定められています。これを「遺留分《いりゅうぶん》」といいます。

遺留分は相続人ごとに、「直系尊属のみが相続人である場合は遺産の3分の1」「その他の場合は遺産の2分の1」「兄弟姉妹には遺留分はない」と定められています。

＊　＊　＊

遺言は優先されるべきものではありますが、遺留分を侵害した場合には修正される可能性があります。遺留分減殺請求（遺留分を侵害されている相続人が侵害している相続人に対して、「侵害した分の相続財産を私に返しなさい」という権利を行使すること）されることがあるからです。

しかし、遺留分を侵害するような遺言も決して無効とはなり

Point
19

不動産は簡単に売れない！

もしかしたら、皆さんは「売れない、貸せない不動産の悩みは、人口減少の著しい地方のこと」だと思っていないでしょうか。確かに空き家率では「1位 山梨県」「2位 愛媛県」「3位 高知県」と人口減少の著しいエリアが上位を占めていますが（総務省統計局、2013年）、実は空き家の数は、東京・神奈川・愛知・大阪の大都市圏の数が圧倒的に多いのです。「人口が多い⬇住宅が多い⬇空き家が多い」ということなんですね。けれども、東京や大阪などの大都市であれば買う人も借りる人もたくさんいるような気がします。

なぜ空き家として放置されてしまうのか？

親が亡くなるまで住んでいた実家。築40年といえども親が生きていたときにはちゃんと生活できる家でした。ところが、相続のときにきょうだいでもめ事になって何年もの間、誰も住まなくなったとしたら？

裁判等を経てやっとのことで相続人が決まって実家に行ってみたら、もうその家は人の住める家ではなくなっていたということは多いのです。

木造の家屋では人が住んでいるときは風を通していますが、人が住まなくなると空気がよどみ湿気がたまります。それが何年もの間に木を腐食させ畳や壁をボロボロにしてしまうのです。また、給配水管なども長い間使わずにいると、汚物が乾いて詰まってしまうことや腐食が進んで穴が開いたりすることもあります。そうなるといざ使おうとなったときに、「全取り替え」とならざるを得なくなり、その費用が数百万円もかかるという場合もあるのです。

土地の「登記簿面積」と「実際の面積」は同じとは限らない

それなら、建物は取り壊して更地として売ればいいじゃないかと考える人もいます。ですが、ボロボロの木造家屋であっても取り壊し費用には数百万円もかかる場合があります。**そして土地を売るときの最大の難問は「土地の境界確定」なのです。**

買う人の立場で考えてみてください。土地を買うときには「坪当たりいくらで売ります」ということが普通です。土地が何坪あるかで買う値段が決まるわけですから、まずは土地の面積を正確に知る必要があります。

土地には登記された内容が確認できる「登記簿」（今では電子データ化されており「登記情報」といわれています）というものがあり、そこには面積が何㎡かが記載されています。これを「公簿面積」といいます。

登記簿は電子データ化されているもののそのもととなる面積自体は登記制度ができた何十年も前から受け継いできている情報であるため、実際の面積と大幅に異なる場合があるのです。そこで**土地を売買するときには隣接地との境界を確定したうえで、自分の土地の面積を正確に測量して売る必要があるわけです。**

土地の面積は簡単には測れない

土地の境界確定はどうやってやるのかというと、「土地家屋調査士」という国家資格者に頼んで法務局に備えてある各種の資料等の調査を行ってもらい、それに基づいて現地にて関係する土地の所有者の立ち会いの下で確認の承諾を得る手続きが必要となります。

ところが、先祖代々受け継いできたような土地の場合、なかには「おじいちゃんの代で隣地との間で塀をずらせだの庭の木の枝を切れだのという紛争があって、それ以来土地の境界については触れることもできなくなっている」というような場合もあります。

そのような特殊な経緯がないとしても、自分の土地が増えるか減るかの瀬戸際で、土地の価格が高額な場所であれば話がまとまらない場合もあります。そうなると最後は裁判するしかありません。

このように、土地の境界を確定して面積を実測することは、とても大きな苦労と長い時間、そして多額の費用がかかる場合が往々にしてあるのです。

「やっと相続が片付いた。さあ売ろう」と思っても、不動産はそう簡単に売ることはできないことがお分かりいただけたでしょうか。

Point 20

不動産は簡単に貸せない！

前項では、不動産は「簡単には売れない」ということを説明しました。それなら「貸して家賃をもらおう」と考えるのが世の常。でもそうはうまくいきません。

すぐに住めない不動産は家賃が安くても借り手がいない

築年数の古い空き家などを貸そうという場合には、内装はもちろんですが、古くなった配管や水回り（風呂、トイレ、キッチンなどの設備）を取り替えたりする必要があります。最低でも200万円くらいはかかってくる場合が多いのです。それは相続した古いマンションでも同じです。

相続した不動産＝土地が都心やその近郊であれば、「とことん安ければ買う」という人がいることもあります。それは建売業者やマンションデベロッパーなどの「プロ」による土地の仕入れという場合です。そこに戸建てやアパート、マンションを建てて利益を乗せて販売する人たちです。十分利益が見込める土地であれば、安くすることによってプロが買ってくれる場合があります。

ところが賃貸の場合は、「ボロボロの内装で設備も使えるかどうか分からない。だから家賃は安いですよ」と言われても借りる人はまずいません。

賃貸経営は今や「戦国時代」

実家の戸建てやマンションを、高額なリフォームをして賃貸に出す前に考えなければならないことがあります。それは「借りる人がいるのか？」ということです。

ここ数年は「2015年からの相続税増税」に備えて、節税目的でのアパートやマンションの建設ラッシュの様相を呈していたことはすでに述べましたが、それ以外にも「中国経済の先行き不安を背景とした中国人富裕層による日本の不動産の爆買い需要」も目を見張るものがありました。

そういった投資、または投機需要を背景にして、ハウスメーカーやマンションデベロッパー

が競い合うように賃貸アパートやマンションを建てていたのです。

でもよく考えてください。日本の人口は減り続けているのですから、「新築で建てたアパートに借り手がつかずにガラガラ」というような光景も珍しくはないのです。

相続した実家の戸建てやマンションを数百万円のリフォーム代をかけて賃貸に出すとしても、「新築なのにガラガラ」の賃貸アパートやマンション、それほど古いわけではないが競争力の落ちた中古アパートやマンションなどと借り手の奪い合いをするわけですから、「築40年、フルリフォーム済み、割安です」といっても、**よほど立地に恵まれていなければ借り手は簡単には見つからないのが現実なのです。**

Point 21

土地の評価額を減額できる「小規模宅地等の特例」とは?

この本の中で何度か出てくる「小規模宅地等の特例」(正式には「小規模宅地等についての相続税の課税価格の計算の特例」といいますが、通常は略して「小規模宅地等の特例」といいます)について、ここで改めて説明をしたいと思います。

相続税の課税評価額が激減する「小規模宅地」の四つの類型

まず「小規模宅地等」とは何か?　宅地等ですから土地です。建物は関係ありません。ただし借地権は、所有する土地と同様に要件を満たせば適用されます。

では、どんな土地が小規模宅地等なのかといいますと、用途別に四つの場合があります。一つめはいわゆる自宅の敷地です。これを**「特定居住用宅地等」**といいます。二つめは**「特定事業用宅地等」**といって亡くなった人が営んでいた事業(賃貸住宅や駐車場等は除きます。個人商店などの自営業です)に供されていた土地等です。三つめは**「特定同族会社事業用宅地等」**

■相続される土地の利用区分と減額される割合

<table>
<tr><th colspan="3">相続開始の直前における宅地等の利用区分</th><th colspan="2">要件</th><th>限度面積</th><th>減額される割合</th></tr>
<tr><td rowspan="5">被相続人等の事業の用に供されていた宅地等</td><td colspan="2">貸付事業以外の事業用の宅地等</td><td>①</td><td>特定事業用宅地等に該当する宅地等</td><td>400㎡</td><td>80%</td></tr>
<tr><td rowspan="4">貸付事業用の宅地等</td><td rowspan="2">一定の法人に貸し付けられ、その法人の事業（貸付事業を除く）用の宅地等</td><td>②</td><td>特定同族会社事業用宅地等に該当する宅地等</td><td>400㎡</td><td>80%</td></tr>
<tr><td>③</td><td>貸付事業用宅地等に該当する宅地等</td><td>200㎡</td><td>50%</td></tr>
<tr><td>一定の法人に貸し付けられ、その法人の貸付事業用の宅地等</td><td>④</td><td>貸付事業用宅地等に該当する宅地等</td><td>200㎡</td><td>50%</td></tr>
<tr><td>被相続人等の貸付事業用の宅地等</td><td>⑤</td><td>貸付事業用宅地等に該当する宅地等</td><td>200㎡</td><td>50%</td></tr>
<tr><td colspan="3">被相続人等の居住の用に供されていた宅地等</td><td>⑥</td><td>特定居住用宅地等に該当する宅地等</td><td>330㎡</td><td>80%</td></tr>
</table>

資料：国税庁ホームページより

といって、亡くなった人およびその親族等が発行済み株式の過半数を有している同族会社の事業に供されていた土地等です。四つめは**「貸付事業用宅地等」**です。亡くなった人が営んでいた賃貸アパートやマンション、駐車場などの敷地のことです。

次に、どんなときにどれほどの「課税価格の計算の特例」があるのかというと、四つの場合に共通する要件としては、亡くなった人が生前に所有し、それぞれの用途（自宅、自営業、経営する同族会社の事業、賃貸住宅や駐車場）に使っていたということと、その土地を特定の親族が相続して、相続税の申告期限まで所有し継続して相続前と同一の用途に使っているということです。

唯一の例外として、自宅の敷地を配偶者が相続した場合は、相続後にただちに売却しても適用されます。

誰が相続してどんなときに課税評価額が激減するのか？

さて、ここからは「特定居住用宅地等」に絞って解説します。なぜなら最も多くの相続に関わることで、早い話が「実家の相続問題」だからです。

小規模宅地等の特例を受けられると

相続税評価額
80%減額で2,000万円

課税遺産額
＝ 2,000万円 － 3,600万円
＝ － 1,600万円

相続税
＝ 0円

基礎控除額
＝ 3,000万円 ＋ 600万円 × 1人
＝ 3,600万円

小規模宅地等の特例を受けられないと

課税遺産額
＝ 1億円 － 3,600万円
＝ 6,400万円

相続税
＝ 6,400万円 × 30%（税率）
　－ 700万円（控除額）
＝ 1,220万円

特例の適用を受けられるのは、次のうちの誰かが相続する場合です。

① 配偶者
② 同居する親族
③ 別居の親族で一定の要件を満たす者（この要件は国税庁のホームページに詳細が出ていますが非常に複雑です。別居親族で適用の可否を知りたい人は、ぜひ専門家に事前に相談することをお勧めします）。

③の別居親族には「家なき子」といわれるように、**相続が発生する前3年間に自宅を所有せず（配偶者も所有していないこと）、賃貸暮らしであった子どもなどが実家を相続して相続税申告期限まで所有し住み続けている場合に適用があります。**

特定居住用宅地等の特例の適用が受けられると、その土地のうち330㎡まで相続税評価額の8割が減額されます。

仮に親1人子1人で、親が亡くなって1億円の実家を相続する場合、特例の適用が受けられれば相続税評価額は2000万円となり、相続税基礎控除額である3600万円を下回りますから、相続財産が実家だけであれば「相続税はゼロ」となります。

逆に特例の適用を受けられない場合は1220万円という高額の相続税がかかることになります。「実家の土地は地価が高くて相続税がかかりそうだが相続できる現金が少ない」という人は、今から特例の適用を受けられるように専門家に相談してみてはいかがでしょうか?

「実家」以外にも適用される場合

なお、「特定居住用宅地等の特例」には、いわゆる「実家」以外にも適用される場合があります。それは「被相続人と生計を一にする被相続人の親族の居住の用に供されていた宅地等」です。簡単にいうと、「父親が所有している広い敷地の上に、父親が建てた家(実家)と子どもが建てた家(子どもの自宅)があって、親子が生計を一にしていた場合に、父親が亡くなって敷地をその子どもが相続する場合」です。

ただし、子どもが所有する建物の敷地該当部分だけです。このとき、「生計を一にしていたかどうか」はとても要件の解釈が難しいので、専門家に事前に相談したほうがよいでしょう。

いわゆる「二世帯住宅」については、2013年度の相続税制改正時に重要な変更がありました。それまでは「二世帯住宅の建物内部で行き来できる構造でなければ『同居する親族』とはみなされず、小規模宅地等の特例は適用されない」とされていました。

ところが、改正後は二世帯住宅の内部は行き来ができない完全分離型二世帯住宅であっても「同居する親族」とみなされ、小規模宅地等の特例が適用されることになったのです。これは二世帯住宅で生活する相続人の方々には朗報です。

ただし、二世帯住宅でも、親子で建物の所有権を別々にしている「区分所有建物」の場合は、先の「広い同一敷地内の母屋と離れ」と同様に、「生計を一にしていたかどうか」が適用要件となります。しかも敷地も区分所有建物ごとの按分評価となりますから注意が必要です。

特例を受けるためには十分な時間と専門家の助言を

この「小規模宅地等の特例」は、実家を相続する親族や家業を継ぐ親族が、過大な相続税がかかることで実家を手放したり、家業が廃業に追い込まれたりすることは望ましくないという趣旨からできた制度です。「実家を大切にしたい」人や「家業を大切に守っていきたい」人は、特例の適用を受けられるようにしたいものです。

ところが素人考えでは適用されないケースがあります。税務署も簡単には節税をさせてはくれないのです。ですから、ぜひとも専門家に事前の相談をすることが大切です。なぜ事前かといえば、相続した後では「3年間賃貸暮らし」とか、「生計を一にする」といった要件を満たせていない場合があるからです。

小規模宅地等の特例は、不動産を相続するときに相続税評価額が最大で8割も減額されるという大変ありがたい制度です。ただし、この特例の適用を受けるためには「相続税の申告期限までに遺産分割が終わっていること」と「特例の適用を受ければ相続税がかからない場合でも、相続税の申告手続きをしなければならない」という条件があるのです。

「8割も相続税評価額が下がる」というとても大きな恩典を受けたいなら、相続税がかからないと考えていても「相続税の申告書の提出」を絶対に忘れないでください（第5章-32参照）。

Point 22

相続不動産の評価額をめぐって相続人の間でもめることがある

「一物四価」という言葉をご存じでしょうか？　この言葉を知っている人は不動産に相当詳しい人だと思います。不動産には４通りの価格があるといわれています。

同じ土地でも高く売れるときもあれば安くしか売れないときもある

《実勢価格》

一つは「実勢価格」というものです。時価ともいいます。**そのとき、その場所で実際に取引されている価格**のことです。

これは特にどうやって決めるというルールはありません。売りたい人が「いくらで売る」と決めてマーケットに物件を出して、その価格のままで買い手が現れる場合もあれば、複数の買い手が現れて価格が競り上がることもあります。また、誰も買い手がなくて価格を下げたら見つかったというような場合もあります。

このように市場の取引の中で決まってくるものなので、その時々で大きく変化するものなのです（売り急げば下がりますし、買い急げばつり上がります）。

《公示価格》

次に「公示価格」というものがあります。**国土交通省が毎年3月に発表する1月1日時点の1㎡当たりの標準地の価格**のことで、公示される地価なので「公示地価」とも呼ばれます。公示価格は実際の取引事例をもとに不動産鑑定士が鑑定し土地鑑定委員会が決定しています。公示価格は実勢価格に最も近い価格とされていますが、実際の価格そのものではありません。

「売り急いで安くなった」事情や「買い急いで高くなった」事情などを不動産鑑定士が補正して鑑定しています。また、標準地の価格ですから、一等地であればもっと高い価格がつきますし、標準値よりも不便な場所では価格は下がります。あくまでも「その地域の標準的な場所の標準的な価格」という意味合いで、公共用地の土地収用時などの参考価格としても使われます。

相続税の課税評価額は「路線価」で計算されるが単純ではない

《路線価》

そして相続の現場で最も使われているのが「路線価」です。公示価格は国土交通省が発表するのに対して、**路線価は国税庁が毎年7月に発表しています。1月1日時点の道路に面した1㎡当たりの宅地の価格で、相続税や贈与税の課税価格の計算の場合に使われます。**

この路線価は通常は公示価格の80％くらいであるといわれています。気をつけなければいけないのは「同じ道路についている土地の値段（1㎡当たり）は必ずしも同じとは限らない」点です。といいますのは、同じ道路についていても、真四角な形状の土地と、いびつな形の土地では面積が同じでも総額が大きく異なってくるからです。裏がけ地になっていても値段は下がりますし、近隣に騒音や公害等を発する工場があっても値段が下がります。

相続のときに、インターネットで国税庁の路線価図を見て単純に面積をかけて計算していては大損する可能性すらあるのです。素人では土地の値段は簡単には決められません。

《固定資産税評価額》

そして最後が「固定資産税評価額」です。「固定資産税」「不動産取得税」「登録免許税」など、不動産の取引や保有に関する税金を算出する場合の課税標準となるものです。これは**公示価格のおおよそ70％をめどに3年に一度決定されています。**また、相続の際に建物の相続税価格の算出にも使われています。

不動産を複数の人で相続する場合、「現物分割」であれば相続人間で均等に分けてもいいですし、「長男は角地、次男は真ん中の土地、三男は道路から一番遠い場所」と話し合いがまとまれば現物分割は難しくはありません。また、「換価分割」はもっと簡単です。相続した土地を売って得たお金を法定相続分どおりに分ければ、とりあえずその土地についての相続争いは起きないでしょう。

相続する土地の評価が高ければ得とは限らない

ところが、「相続財産は実家の土地建物とわずかな預金だけ」という場合に問題が起こります。例えば、公示価格7500万円、固定資産税評価額5250万円の実家の場合で考えましょう。兄が実家を相続し、弟には実家の価値の半分をお金（代償金）で支払うことにしました。兄は固定資産税評価額5250万円の半分、弟は公示価格7500万円の半分を主張します。

相続人同士の公平を図るために、このような場合は原則的には「時価（＝実勢価格）」で評価されることになります。もし、話し合いや裁判所の調停でも決着せずに審判になったりすると、1年以上の期間がかかってきますから、「時価」といっても相場が大きく変動する場合もあります。「相続不動産の評価額」をめぐる争いは、時価の変動まで起こってしまって複雑怪奇な状況になってしまいます。ということは「代償金を多めにもらいたい」と思っていた人が、何年もかかっているのに「一銭ももらえていない」状態となってしまうのです。

Point 23

実家が老朽マンションの人は「修繕積立金」に注意！

この本では、「大都市圏の実家」について、相続に関する問題を多面的に取り上げていますが、空き家問題で取り上げられることが多い「老朽戸建てが実家」という人ばかりではありません。老朽マンションが実家のケースを考えてみましょう。

「限界マンション」が続出する時代

実は、これから大量に空き家になったり老朽化して「建て替え問題」が確実に社会問題化するといわれているのが、高度経済成長期に大量供給された、東京なら多摩ニュータウン、大阪なら千里ニュータウンに代表されるような「老朽分譲団地タイプのマンション」なのです。

国土交通省の統計によりますと、全国の分譲マンションの２０１４年末の総ストック戸数は約６１３万戸となっています。そのうち、築40年超のマンションは約51万戸あるのですが、す

■築30年、40年、50年超の分譲マンション数と今後の推移

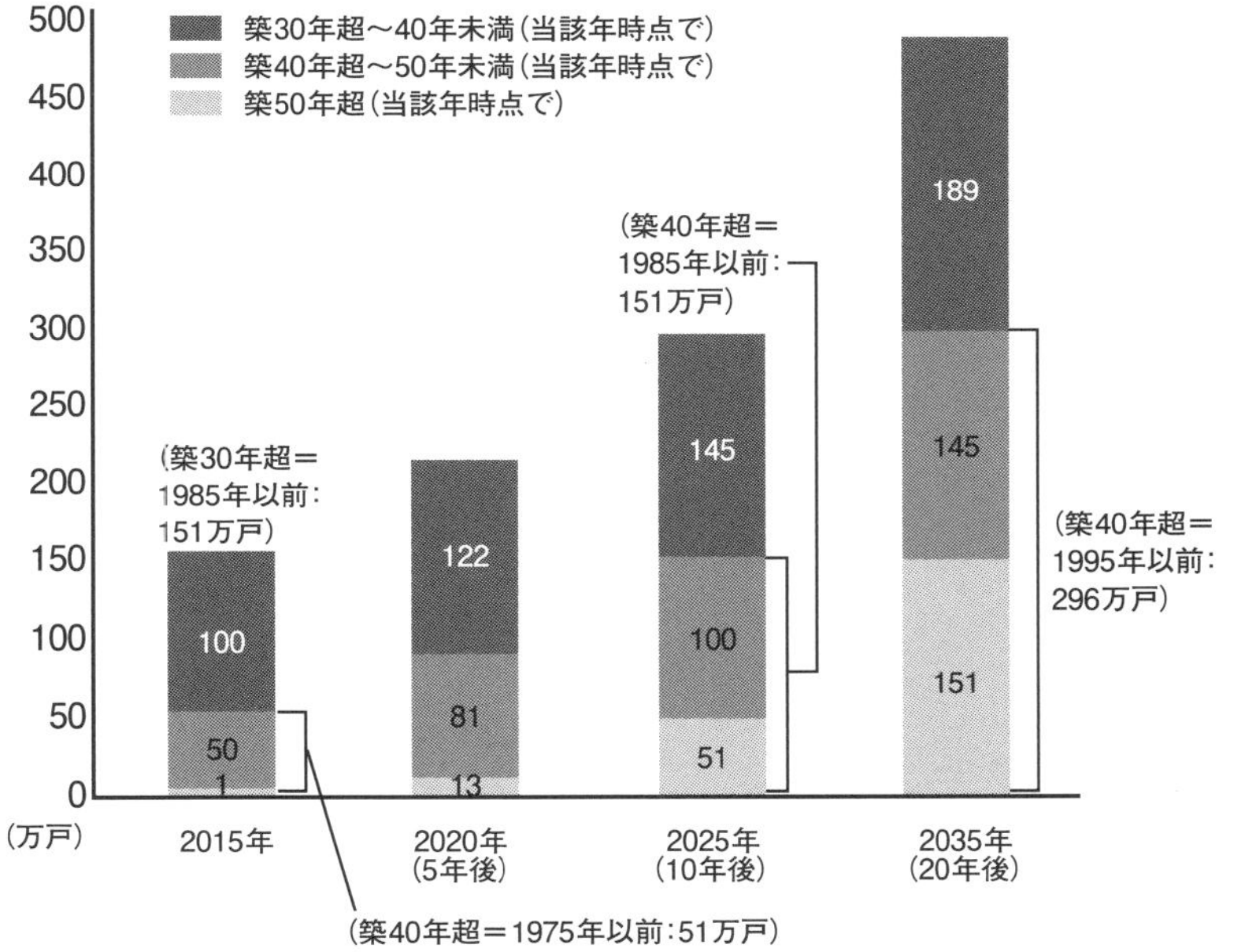

※築40年以上のマンションは現在約51万戸。10年後には3倍の約151万戸、20年後には6倍の約296万戸となり、今後、老朽化マンションが急増することが見込まれる。

資料：国土交通省「分譲マンションの現状と課題」より

でに建て替えられた戸数は２０１３年時点で約１万４００戸と、築40年超の戸数に占める割合はわずか３％弱なのです。

わずかに建て替えられたマンションの多くは敷地に余裕があったために、容積率（敷地面積に対して建てられる建物の延べ床面積の割合。大きければ大きいほど高い建物、すなわちマンションなら戸

数が多い建物を建てられる）制限いっぱいまで建築することで、建て替え前よりも相当数戸数を増やしたマンションを建築することが可能だった例です。

増やした分の区分所有建物を新規に（もとから住んでいた所有者以外に）分譲して、その代金で建て替え費用が賄えるようなケースだったのです。

ところが老朽マンションの大半（建て替えが実現していない残り約97％の老朽マンション）では、建て替えもできず住人も高齢化して引っ越しもままならない中で、毎年毎年マンションは着実に築年数を重ねていきます。老朽化が永遠に続いていくのです。

それでも管理組合の活動がきちんとなされているマンションでは、「このままいくと水道管がダメになって生活インフラが大変だ」「エレベーターを取り替えないと大きな事故につながる」と考えて12〜15年ごととされる「大規模修繕工事」を、長期修繕計画を作成したうえで実行しており、時々テレビや雑誌等で優秀なマンションとして取り上げられたりしています。

一方では、所有者が超高齢化しているために、大規模修繕工事を検討する管理組合活動すらままならないマンションも現実に存在し、その悪いほうの例もテレビや雑誌等で「限界マンション」として取り上げられています。

老朽戸建てより危ない老朽マンションの相続

そのようなマンションでは、相続人がいないまま所有者が亡くなってしまったり、相続が発生しても「誰が相続人か分からない」ために管理費や修繕積立金が徴収できないままになってしまったりすることがあります。

空き部屋が多く発生して「廃墟」のようになっている場合もあります。そこまでひどくない場合でも、管理会社を雇うことすらできずに「自主管理」といって、所有者が自ら設備点検や共用部の維持・清掃等を行っている場合もあります。

あなたの実家が「限界マンション」ではないとしても相当な老朽マンションであったなら、**親が生きているうちにマンションの管理組合の活動状況や修繕積立金の状況を確認しておくべき**です。

万一、各戸の住人が過去に積み立てた修繕積立金を、すでに行った大規模修繕工事でその大半を使い果たしていたならどうでしょう。あなたが相続してから新たに行う大規模修繕工事の際に、「各戸当たり２００万円拠出してください」などといわれる事態が現実問題として起こりうるのです。そのときになって「相続しなきゃよかった」と考えても取り返しはつきません。

Point 24

実家を相続放棄したほうがいい場合もある

もし、あなたの実家が前項のような「首都圏にあっても限界マンション」であったり、地方でも「人口減少が著しい限界集落の老朽戸建て」だとしたら、自分たちが相続した後のことをどう想像されますか？

不動産は所有権を放棄できない

いったん所有者となってしまったら、所有者としての責任から逃れる方法がないことを知っておくべきです。

例えば、車であれば要らなくなれば廃車にすることができます。大型家電等も廃棄するには費用がかかる場合もありますが捨てることはできます。動産類はすべて所有権放棄して捨てることが可能なのです。ところが、**不動産には「所有権を放棄して捨てる」法的な手続きは用意されていません。**

もし、何も対策を考えずに限界マンションを相続したらどうなるでしょうか？

まず、売りたいと思っても買う人がいませんから売れません。そうすると毎月の管理費と修繕積立金、毎年の固定資産税などがかかってきます。場所や物件にもよりますが、最低でも毎年数十万円かかるでしょう。そして、最悪の場合には管理組合から「大規模修繕をしなければならなくなったので、各戸から200万円ずつ一時金を徴収します」などと言われるかもしれません。こうなると相続した財産は、**「相続時点ではプラス財産だったが、相続後にはマイナス財産」**になってくるのです。

地方の限界集落の老朽戸建てはどうでしょうか？　やはり買って住む人も借りて住む人もいません。誰も住まなくなると「風を通さない閉め切った木造家屋」は、あっという間に湿気がたまって荒廃が進みます。庭木も生え放題伸び放題となります。

そしていつの日にか自治体から「危険な空き家です。特定空き家に指定します」などということになれば最悪です。建物を解体しなければならなくなります。解体費用も通り相場では200万円くらいかかります。土地の固定資産税も6倍に跳ね上がります（218ページ参照）。

このような財産も、「相続時点ではプラス財産だったが、相続後にはマイナス財産」になってくるのです。

相続放棄は親に多額の借金があるときだけすることと思っていませんか？

ところで世の中の多くの場合、同居している親子の間ですら親の財産を正確に把握していることなどまずないでしょう。従って、相続人は相続が開始したらまず被相続人の財産が、どこにいくらくらいあるのかを知ることから始めなければなりません。しかしそれにはタイムリミットがあります。

万一、プラスの財産よりもマイナスの財産（借金や連帯保証債務など）のほうが多いときに、あえて借金や債務だけを相続したくなければ、相続開始を知った時から**3カ月以内に「相続放棄」か「限定承認」の手続きを取らなければならないからです。**

※相続放棄：プラスの財産もマイナスの財産もすべて承継しない。相続開始時から相続人ではなかったものとして扱われる。

※限定承認：プラスの財産の限度内でマイナス財産を承継すること。従って、相続人固有の財産で被相続人の債務の弁済をする必要はない。

これとは逆に、財産調査の結果、プラスの財産のほうがマイナスの財産よりも多い場合に、プラスもマイナスもすべての財産を相続する場合のことを**「単純承認」**といいます。単純承認する場合は、何の手続きも必要ありません。

一つ注意する必要があるのは、相続放棄、限定承認、単純承認のどれを選択するかを決めていない状態で、**遺産の一部でも処分した場合は「法定単純承認」といって、相続開始後3カ月たっていない時点でも単純承認をしたものとみなされます**（相続放棄や限定承認ができなくなります）。

では、親が亡くなったときに親の預貯金から葬儀費用を支払った場合はどうなるのでしょうか？「財産の一部を処分した」として、相続放棄はできなくなるのでしょ

限定承認とは？

プラスの財産でマイナスの財産を弁済しても借金や債務が残る場合は、残った分の債務については弁済の必要がないという相続方法。

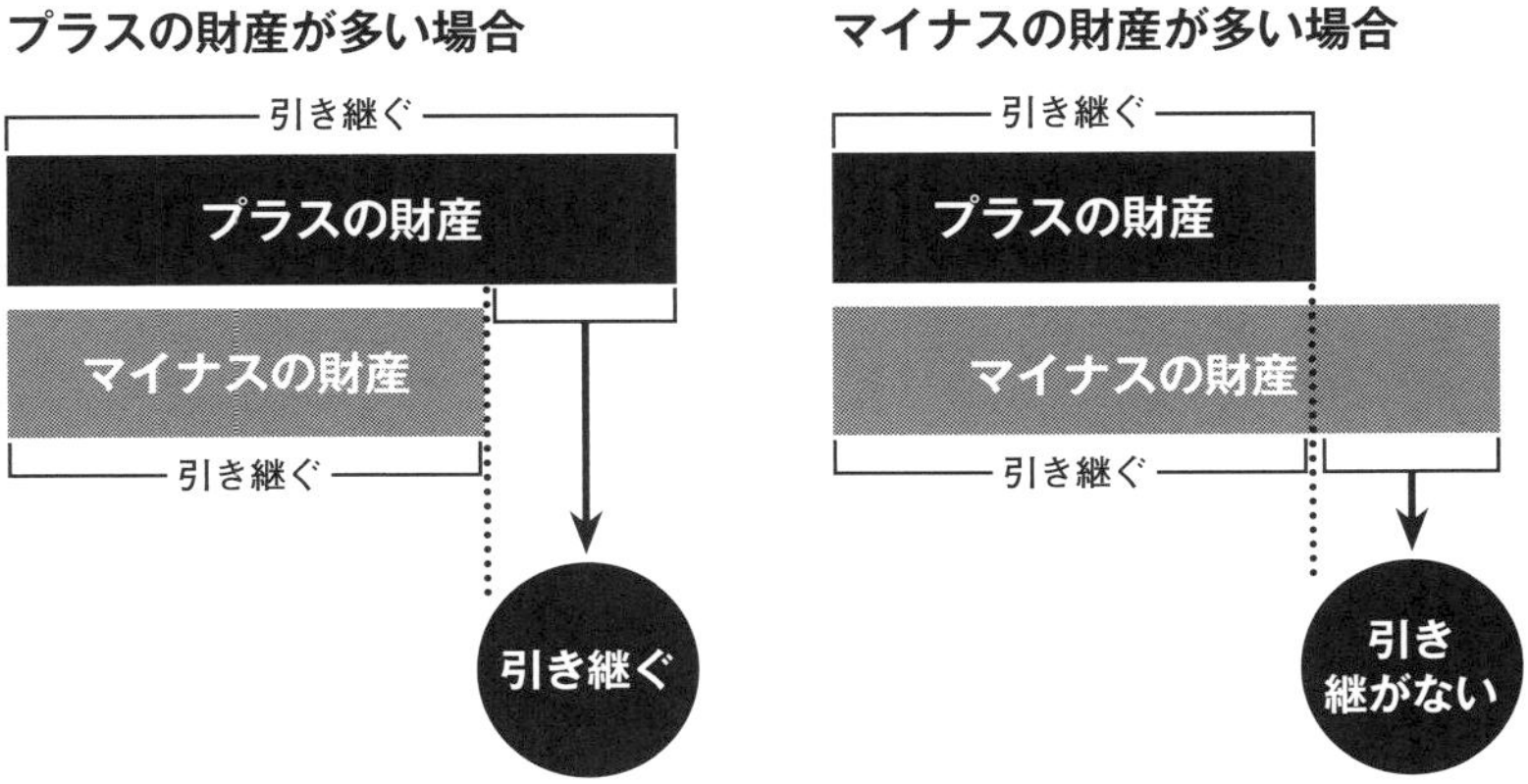

うか？　過去の判例では「社会的に相当程度（過大ではない、豪華ではない）の葬儀費用を被相続人の財産から支出しても相続財産の処分には当たらない」として、法定単純承認とはならないと判断された事例があります。

故人の形見分けはどうでしょうか？　財産的価値が高く評価されるような高級呉服や大型家電を大量に「形見分け」と称して持ち帰れば「財産の一部を処分した」として、法定単純承認とみなされた事例があります。ですが、故人の古着で財産的価値のないような物を形見分けでもらったとしても、「財産の一部を処分した」とはみなされず、法定単純承認とはなりません。

その後に相続放棄や限定承認の手続きをすることは可能です。

借金より財産が多くあっても相続放棄はありうる

さて、話をもとに戻しましょう。もし、あなたの実家が「限界マンション」や「限界集落の老朽戸建て」である場合、被相続人の財産から葬儀費用を賄った後に200万円の現金が残るとしたら、単純承認しますか？　相続放棄しますか？

実家を相続した後で管理組合の総会等に出席して、「大規模修繕のための一時金を払えない人をどうするか？」などの困難な話し合いに参加を余儀なくされ、挙げ句の果てに結局は相続した200万円の現金をそれに充てることになっても、あなたはその限界マンションに住む予定がないとしたら、何のために相続したか分からなくなりますね。

遠くの限界集落の老朽戸建てを相続したらもっと大変かもしれません。役所が「特定空き家」（220ページ参照）に指定するかしないかの実態調査に「立ち会ってください」と言われれば、飛行機代など往復で何万円もかかります。

また、特定空き家に指定されたら解体業者を探して解体作業を依頼しなければなりません。そのときも立ち会いを求められるかもしれません。解体費用が200万円でも、相続財産をトータルで考えたら赤字＝マイナスになっているかもしれません。

もし、親が生きている間に「親が亡くなった後の実家をどうするか」について、家族会議ができるならとても良い方法があります。それは、親が持っている預貯金について、葬儀費用に充てるお金を取り分けて、その残余の額（例えば200万円だとして）で一時払いの生命保険（一時払い終身保険）に入るのです。そしてその生命保険の受取人を相続人（複数いる場合はもめないような取り決めをしておきます）にしておきます。そして親が亡くなったら相続放棄をするのです。

相続放棄をしても受取人が相続人の生命保険は「法律上は相続財産ではなく、相続人固有の財産」とされ保険金を受け取れます（相続税法上は「みなし相続財産」として相続税計算の対象になりますが）。そのうえで「要らない実家」の相続は免れることができるのです。

相続放棄を選ぶなら手続きは簡単だが注意が必要

でも、その場合でも注意は必要です。相続人のいない実家はどうなるかといいますと、「相続財産管理人」が選任されて何らかの方法で処分され、最終的には国庫に帰属することになります。ところが、相続財産管理人が選任されるまでは放棄をしたはずの「相続人になる予定だった人＝元法定相続人」には老朽家屋の管理責任が発生するのです（民法９４０条１項）。

●民法９４０条１項

相続の放棄をした者は、その放棄によって相続人となった者が相続財産の管理を始めることができるまで、自己の財産におけるのと同一の注意をもって、その財産の管理を継続しなければならない。

従って、相続財産管理人が選任されるまでの間に、もし屋根瓦が落下して通行人に当たるなどの危険性があれば修繕をしなければなりませんし、万一のことを考えると家屋に保険を掛けておくことも必要かもしれません。

そして、一番重要なことは、ほかに債権者等の利害関係人がいない場合は、相続放棄をした元法定相続人が「利害関係人」として家庭裁判所に「相続財産管理人選任の申し立て」を行わない限り、いつまでも相続財産管理人が選任されず、管理責任がついて回るということです。

この相続財産管理人の選任申し立てには、家庭裁判所に収める収入印紙代800円と官報公告料3775円が必要となりますが、その他の費用は原則として必要ありません。不動産等の財産がある場合は、その売却費用や管理人の報酬は相続財産の中から支払われることとなるからです。

ところが、限界集落の老朽戸建てなど買い手がつかないような不動産では管理人の報酬すら賄えないと見込まれるため、相続財産管理人選任申し立てを行う者が「予納」する必要があるのです。予納とは読んで字のごとく「予め納める」お金です。払った後で余りがあれば戻ってきます。

しかしながら、この予納金が高額なのです。裁判所や地域ごとに異なりますが、だいたい20万～100万円の範囲で必要といわれています。それでも、「特定空き家」を相続するよりも相続放棄をしたほうがいいのかもしれません。

限界マンションの場合はちょっと異なります。相続人が全員相続放棄をしてしまえば、管理責任はマンションの区分所有者全員で構成される「管理組合」になりますから、元相続人であった人が相続財産管理人の選任申し立てを行わなくて済みます。

ですから、もし、親に多少なりとも預貯金があれば生前に「家族会議」を行って、預貯金は生命保険に使ってもらい、実家だけが残ったなら相続放棄をすることで相続人は「負の遺産」から解放されることになります。

第4章

「情報格差」の落とし穴

Point 25

まず「実家がどういう不動産なのか」を知ることが大切！

もし、あなたが実家を売りたいと考えるなら、まず「実家がどういう不動産なのか」を知る必要があります。特に、相続する実家に「相続税がかかるのか？　かからないのか？」では、その取り組み方は大きく違ってきます。

増税された相続税

第２章-08で触れたように、**相続税の基礎控除額は「3000万円＋600万円×相続人の数」**で計算されます。日本の家族構成で多いとされる「父、母、子ども２人」の４人家族において、父が亡くなった場合で、「３０００万円＋６００万円×３人＝４８００万円」が基礎控除額です。

遺産総額が４８００万円を超える場合には、その超えた部分が課税対象となります。ただし、各種の特例等が適用できる場合には、実際には相続税がかからない場合も多数あります。

金融資産が4800万円を超える人の割合はそう多くはないと思われますが、不動産を所有している場合、特に東京・大阪・名古屋等の三大都市圏の地価の高い住宅地に戸建ての実家がある場合には要注意です。

例えば、東京都世田谷区などで40坪の土地の上にある戸建てが実家だとします。世田谷区周辺では相続するときの課税価格の基準となる「路線価」が坪当たり150万円程度の土地もたくさんあります。そうしますと、この戸建ての主が亡くなった場合、相続税評価額が6000万円（150万円×40坪）の土地は、基礎控除額4800万円を超えていますから、超えた部分の1200万円が相続税課税対象となります。

日本では、バブル期に土地の価格が高騰しました。その後バブル崩壊と長引いたデフレ不況の下で、土地の価格は徐々に下がってきましたが、大都市圏の住宅地ではまだまだ価格の高いところが多い状況です。

また、地方でも県庁所在地などの駅前商店街等で自営業の商店を所有している方々も多く、そのような土地も結構高価格だったりします。そのような場合に、多額の相続税がかかってしまうことで、残された家族の生活基盤である自宅や自営業が立ち行かなくなってしまっては困ります。このようなことのないように、相続税制では**「小規模宅地等の特例（自宅や事業用に**

使用している土地等の評価額が最大80%も減額できる特例）」というものが用意されています（第3章 - 21参照）。

昔の高級住宅街にある家が売れない時代

相続税がかかるか、かからないかとは別に、「日本の不動産が下がるなら早めに売っておきたい」という場合もあるでしょうし、「持っていても固定資産税がかかるだけだから売りたい」という場合もあります。その場合には、売れる不動産かどうかが問題になります。

三大都市圏近郊にはいわゆる高級住宅街といわれる場所がいくつもあるのですが、その中にはかつてバブル時代には住宅街の家がすべて1億円を下らないというようなところがあります。どれも瀟洒なつくりの洋風戸建てが建ち並んでいます。一つの土地の区画が50〜70坪くらいでしょうか。駅からは少し遠いですが、丘の上で見晴らしはよく、土地の値段だけでも最低1億円はしていました。

このような高級住宅街に住んでいた人たちも月日が流れ、子どもたちが巣立って夫婦2人になると「この家も老夫婦2人には広すぎるし、駅までも遠くて不便だから、いっそこの家を売って駅に近いタワーマンションにでも買い替えようか」と思うようになるものです。

ところが、実はこのような高級住宅街では景観を維持していくために「敷地の広さは50坪以上でなければならない」などの地域協定がある場合があります。

従って、家を売る場合にも広い敷地のままで売らなければならないため、いくら土地の価格が下がってきたとはいえ、敷地が広いために総額が大きくなります。バブルの頃に1億5千万円であったものが、1億円まで下がったとしても「駅から遠い場所に木造で築年数の古い家を1億円で買いたい」人はほとんどいません。1億円を出せば都心の便利な場所に広いタワーマンションも買えるからです。

果たして実家は売れるのか?

では、値段を下げれば売れるかといえばやはり売れない

のです。なぜかといえば、人口が減って核家族での生活が主流になって、大きな敷地の家は不要だからです。敷地が分割できるなら、値段を下げれば売れるかもしれませんが、やはり「見晴らしがいいけど、駅から遠い坂の上」という立地では売れないものなのです。

地域協定を変えて敷地を分割できれば、若い夫婦が安い建物を建てるための土地として買うのではないか？　と思う人もいるでしょうが、今の若い人たちは住宅も家も所有したがらないのです。昔のように「住宅すごろく」といって、ローンで家を買って、買った家が値上がりすることでより広い家やより立地のいい場所に買い替えて住み替えることができた時代はとっくの昔に終わっています。

さて、このような「売れない豪邸」「昔の高級住宅街の家」を相続する人は、「ウチの実家は、高級住宅街にある豪邸だから必ず高く売れる」と思っていたら、相続貧乏になること間違いなしです。

地価は下がっても「路線価」は思ったほど下がらない

人気がなくなって多少は地価が下がってはいますが、相続するときの課税価格の基準となる

「路線価」は思っているほど下がっていないのです。そのような「人気がなくなっていて買う人がいない」土地では、売買事例が少ないために、仮に安い価格で取引されても路線価に反映される影響が少ないのです。

実際に取引された売買価格が2割3割下がっていても、「希少事例」とされ、全体の地価に強くは影響しないのです。だから路線価は下がっていても「少しずつ」しか下がっていないのです。従って相続税評価額もかなりの高額となるでしょう。

また、このような高級住宅街で生まれ育った子どもたちの多くが、都心にマンションを買って住んでいたりするものです。ですから「小規模宅地等の特例」の適用を受けられません。そうすると評価がまったく減額されず、多額の相続税を負担せざるを得ません。

相続税が現金で用意できなければ実家を売るしかないのですが、「売れなくて困る」ことになります。家賃を下げて賃貸に出せばさすがに借り手は見つかるかもしれませんが、家賃を安くしたのでは相続税の延納の利息で赤字になるかもしれません。

高級住宅街に実家があるという人は、一度相続税がかかるのか、かからないのか？　かかるならいくらなのか？　そして相続税納税資金をどうするのかの計画を立てる必要があります。

Point 26

不動産はあるけれど現金が少ない場合はどうすればいいの？

ここでは「不動産は自宅しかない。その自宅が相続税制改正によって課税対象となっている。でも遺産には現金が少ない。どうしたらいいの？」という、都心部に住む一般的な家庭の多くに当てはまる切実な問題について考えてみます。

地価の高い都心部では小さな家でも多額の相続税がかかることも

都内で地価の高い場所では、土地の坪単価が200万円以上する場所も珍しくはありません。大抵の一軒家は30坪くらいはありますから、それだけで6000万円もの資産価値があることになります。

ところが、それくらいの一軒家をローンを組んであなたが払い終える頃には、すでに現役引退していることも世の常です。場合によっては退職金で完済するということもあるでしょう。そうすると相続問題を考える頃には、遺産として残せるものが「自宅不動産とわずかな現金だけ」という場合も少なくありません。そのうえ、残された家族にとっては少なからぬ相続税問題がのしかかってきます。

この「6000万円の一軒家とわずかな現金」が遺産の場合の相続税について見ていきましょう。すでに述べましたが、2015年から相続税の基礎控除額が引き下げられました（19ページ参照）。

夫が亡くなって妻が相続するときは**「配偶者の税額の軽減（配偶者が相続する場合は法定相続分か1億6000万円までは相続税はかからない制度）」**を適用すれば相続税はゼロで済みます。ところが、その妻が亡くなると配偶者の税額の軽減が使えませんから、仮に子ども2人（ここでは兄と弟とします）で相続するとしても、基礎控除額は4200万円（3000万円＋600万円×2人）となり、相続税の課税対象価格は1800万円（6000万円－4200万円）となります（兄弟2人で分けると1人900万円）。

この場合の相続税は、2人合わせて180万円（57ページ参照）となります。残されたわずかな現金で足りない場合は、相続人自らの預金等から支払うか、ない場合は銀行等で借り入れてでも支払うことになります。

誰が実家を相続するかで大きく異なる相続問題

ところが、**「小規模宅地等の特例」**が使える場合は、評価額が8割減となります。この場合なら6000万円×20%＝1200万円が課税対象価格となり、基礎控除額内ですから相続税はゼロとなります。従って、母親の生前に2人の兄弟のうちどちらかが実家に同居していれば相続税を払わずに済むかもしれません。

また、どちらも同居していない場合でも、小規模宅地等の特例の適用を受けることができる場合があります。「家なき子」といわれているケースです。小規模宅地等の特例の詳細は第3章-21で述べましたが、家なき子というのは**「相続開始前3年以内に持ち家に住んでいなかった子ども等が実家を相続する場合には小規模宅地等の特例を適用できる」**という制度です。

昨今は、実家に親と同居するより独立して居を構えている子どものほうが多いのではないでしょうか？　マンションブームに乗って住宅ローンを組んでマンションを所有している子どもたちも多いと思われます。そうすると、「家なき子」に該当しないようなケースも多々あるかと思われますが、もし、**相続税対策を考えたい場合は、その自宅を賃貸に出して自分たち家族も賃貸住宅を借りて住むことで家なき子になることも可能なのです。**

ただし、自分の親がいつ亡くなるかは分かりませんから、「3年」という期間をどうするかの問題はあります。

不動産の共有名義はいずれ必ず紛争となる

めでたく相続税をゼロにすることができたとしても、兄弟2人で一つの不動産を仲良く分けることは現実的には困難です。

一番やってはいけないことは「兄貴が住んでいてもいいから名義は兄弟2人の共有名義にしておいてくれ。俺（弟）にもしも経済的困難な状況になったときに、実家を売ってお金に変えられれば安心だから」などという安易な遺産分割です。

共有状態では両方がハンコを押さないと売却できないので、いざというときに兄が同意しなければ弟はどうしようもなくなります。また、何事もなく兄が一生を終えた場合に、兄の子どもが兄の財産を相続するとますます話がややこしくなります。

不動産を「きょうだい」の共有で相続している例はとても多

いのですが、共有名義の不動産における紛争もまた同じくらい多いのです。

生命保険は相続対策の魔法の杖になる

このような事態を見越して対策をするならば**「遺言」と「生命保険」の二刀流が威力を発揮します。**

どういうことかといえば、母が生きている間に何とかやりくりして1000万円の死亡保障のある生命保険に入っておきます。受取人は長男としておきます。母は遺言に、

「自宅は長男に相続させる。私が死んだときに長男が受け取る生命保険金1000万円を代償分割金として次男に全額渡すことで遺産分割を円満にしてください。次男は遺留分に少し足りない額ですが、相続税を払わずに済むことや実家の固定資産税や修繕費等を負担しなくて済むのですから、遺留分減殺請求（遺留分を請求する権利）はしないでください。私（母）が苦しい生活の中から資金を捻出して生命保険に入ったのは、夫（父）から引き継いだ自宅を守りながら兄弟仲良く遺産分割してほしいからです」

と書いておくのです。

6000万円の遺産における弟の遺留分（法定相続分の2分の1）は1500万円です。5000万円足りない計算ですが、このような遺言が遺されていたら弟は従うだろうと思われます。なお、兄が受け取る生命保険金1000万円は法律上の遺産とはならず遺産分割の対象ではありません。受取人固有の財産となります。また、生命保険金は相続税法上は「みなし相続財産」として課税対象となりますが、「500万円×相続人数」は非課税とされます。よってこの場合には500万円×2人＝1000万円は非課税で済むわけです。

手の込んだ相続対策よりも大事なことは？

ただ、このような「実家に相続人が住み続けるための相続税対策」を考えて実行したのに、肝心の「実家の価値が暴落」したのでは元も子もないのではないでしょうか？　親が残してくれた大切な実家という財産に関する考え方は、**これまでの「大切に守る」ことだけではなくて、「資産として運用する」という考え方に変えていく**必要があります。

不動産が暴落する恐れがあると考える方は、「暴落する前に売って現金に換えて、その現金を有利な金融商品に投資して増やしていく」という考え方を持つべきだと思います。

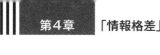

Point 27

実家を相続する前にできること

第3章で触れたとおり、これから相続するであろう「実家」という不動産にはさまざまな落とし穴が潜んでいます。いざ相続してから対処していたのでは「時間がかかっている間に市場が暴落する」恐れだってあるのですから、やはり相続する前から対策に取り組んでいただきたいものです。

親が生きている間にやっておくことが大切！

第3章-17で取り上げましたが、まず、登記簿謄本を確認して「誰が登記名義人になっているのか」を確認してください。もし、自分の親以外であったなら、親が生きている間に親の名義に変更してもらえるよう働きかけましょう。自分の父親なら、「俺が親父（あなたからみて祖父）から相続して固定資産税をずっと払ってきたんだ。名義変更に協力してくれ」と他の相続人に言いやすいのです。

実家がマンションなら問題はないのですが、実家が戸建てなら「隣地との境界確認」が必要です。親が生きている間であれば、隣地所有者とも直接の関係があるかもしれません。いざ相続してしまうと「父との間で取り決めがあった」としても書面でも残っていない限り「知らない」と言われたら終わりです。親が生きている間なら隣地所有者とも境界確認が比較的スムーズにいくかもしれないのです。

そして何よりも、境界確認とともに地積測量も必要となります。2～3カ月の期間と70万～80万円ほどの費用がかかるので、相続してから「早く売らないと価格が下がる」などと焦る中でやるより、これも親が生きているうちにやったほうがいいでしょう。親の費用負担でやってもらえれば、「誰が費用を負担するか」ということでも、もめずに済みます。

なお、隣地を含めて法務局に地積測量図があり、境界確認書や境界標がきちんと備わっているような場合は改めての境界確認・地積測量は必要ありません。

実家がマンションなら管理組合の活動状況を確認！

さて、次は実家の設備関係です。第3章‐23で触れましたが、マンションであれば「大規模修繕が行われる予定があるか？　そのための修繕積立金は不足していないか？」などが気になるところです。実家がマンションで古くから親が所有して住んでいたなら「相当に老朽化している」はずです。これまでに何度か大規模修繕も行われているかもしれません。しかし、最近では住民の高齢化によって管理組合の活動がままならず、大規模修繕への取り組みがままならないマンションがとても増えています。

もしかしたら、あなたが相続した親のマンションの修繕積立金が大幅に不足していて、あなたが所有者になったとたんに「今度の大規模修繕工事のために各戸当たり追加の修繕費を200万円出さなければならない」などということもありうるのです。

実家が戸建てなら最低限でも「目視調査」を！

実家が戸建てなら、「シロアリ被害はないか？」「配管類がダメになっていないか？」「雨どいは機能しているか？」など売却のための基礎的な調査が必要です。実は深刻な空き家問題に対する取り組みの一環として、国土交通省が旗振り役となり、中古住宅を流通させやすくするために「ホームインスペクション」なるものが法制化されました。詳しくは第4章-31でお話ししますが、要は「中古住宅を売る前に建物等に重大な欠陥がないか調べておきましょう」ということなのです。

皆さんの親がまだ元気で生きている間に、「俺たちが相続したらすぐにこの家を売るから調査させてくれ」などと言えますか？

普通の人は言えないと思います。それでは、「最近さあ、老人だけが住んでいる家のたこ足配線が原因で漏電から火災になった事故が多いようなんだ。一度、電気・ガス・水道等の設備も古くなっているからきちんと調べておいたほうがいいと思うよ。検査費用くらいは俺が出すからさ」などと言ってみてはいかがでしょうか？

危ないから設備点検
しておこうよ
よし！
お前って
親孝行だ
ねぇ

Point 28

専門家任せの相続対策は後悔することに

「タダほど高いものはない」などとよく言われることがあります。相続対策セミナー等でも、銀行や証券会社、ハウスメーカーなどが盛んに「無料セミナー」を開催しています。何のためでしょうか？　何となく感じますよね？　「来てくれた方々に高い金融商品や保険を売って手数料を稼ごう」「相続税対策でアパートを建ててもらって建築費を稼ごう」と目論んでいるのではないのかなと。

ブームに踊らされては大変なことになることも

最近になって相続税対策に有効だといわれて「教育資金一括贈与」がブームになり、話題性だけで飛びついたお金持ちの高齢者が多数いらっしゃいました。

ところが、ふたを開けてみると「大学院までいくと期待していた孫が高卒で働いた。残った贈与資金には多額の贈与税がかかる」「学費はＯＫでも留学先での滞在費はＮＧ」「インターネットでの支払いでも銀行に出すエビデンスが逐一必要」など使い勝手が極めて悪いことが分かってきました。

また、いまだに「相続税対策でアパートを建てませんか？」と不動産業者の営業が活発に行われているようですが、最近建築された「相続税対策アパート」の中には、新築物件であるにもかかわらず入居者がまばらで閑古鳥が鳴いている物件も見受けられます。

相続税は節税できたかもしれませんが、あまりにも節税することだけに目が向いてしまい、資産運用として考えた場合は大失敗といえるのです。

相続問題も「セカンドオピニオン」が必要

大きな病気や怪我で病院に入院して手術を受けるときに、たまたまかかった病院に勧められるままに自分の命をかけてしまうことはあるでしょうか？　たぶんないと思います。

最近では「セカンドオピニオン」といって、入院している病院とは異なる病院で治療方法に関する意見を求めることが広まってきています。なぜこのようなセカンドオピニオンを求める意義があるかといえば、いかにその治療に関する専門医であっても、日進月歩の著しい医療の世界で、最先端の治療に精通している人ばかりではないからなのです。

■相続で困ったときに相談する専門家

【法律に関する相談】

弁護士：法律全般の専門家、特に遺産分割をめぐって相続人の間で権利と権利がぶつかる「もめ事」「紛争」の相談は弁護士の専売特許

司法書士：法律全般に通じているが、特に不動産を相続したときに登記の変更をする場合は司法書士が専門

行政書士：相続人調査のために戸籍謄本をとったりするときに頼りになる「街の法律家」と呼ばれる存在

【相続税に関する相談】

税理士：相続税の申告を代理して行えるのは税理士のみ。税理士の世界は医者と同じくらい専門分野が分かれている。なかには「法人税専門」の人もいるので、相談するときは相続税に詳しい税理士を探すこと

ファイナンシャルプランナー：「相続税は節税したのに実家を売って譲渡所得税がたくさんかかった」ということもある。節税のみならず長い目で見た資産運用まで考慮して相談できる。金融商品などにも詳しい

【相続する不動産に関する相談】

不動産鑑定士：遺産分割の際に土地の価格などに意見の相違があるときや広大な土地で莫大な相続税が予想されるなどの場合に意見を求めたい専門家

土地家屋調査士：相続した土地の境界確定などで欠かせない専門家

公認不動産コンサルティングマスター：不動産を相続するときに、売るにせよ貸すにせよ、資産として最も有効に活用したいと思うときにはぜひ相談したい専門家

宅地建物取引士(不動産業者)：相続した不動産を売りたいときや貸したいときに依頼する。相談にも乗ってくれるが「相談無料」のときはよく吟味すること。

➡ 個人で各種専門家にばらばらに相談することは難しい。専門家を探す段階で行き詰まる。インターネットや新聞などでは、何かの専門家がトータルコーディネーターとなって、「各種専門家をチーム編成して相談に乗っています」という広告も多い。自分なりに評判を調べて「ワンストップ」タイプの専門家のところに相談に行くのもよい。

相続対策についても同じことがいえます。税理士や弁護士という「その道の専門家」であっても、頻繁に改正される税制や税法、その他の法律に精通している人ばかりではありません。現に「相続対策」というキーワードで検索すれば、**インターネット上には膨大な情報、それも資格を持った専門家が書いた記事がたくさん出てきますが、その中には法律の改正が反映されていないページも多々見受けられるのです。**

命に関わる大きな手術をした後で、「よく考えたらあの手術はよくなかった。もう一度元に戻して違う手術をやりたい」ということは不可能です。

相続でも同じです。すでに相続が終わって遺産分割でもらった不動産を自分では必要ないからと他人に売却した人が、「調べてみたらあの売ってしまった不動産を相続しないで違う物件を相続したほうが、税金が少なくて済むようだから相続をやり直したい」といっても不可能なことなのです。

情報に対して受け身になるのではなく専門家を主体的に活用する

もうお分かりでしょう。相続対策で「円満な遺産分割をするにはどうしたらいいか？」「やりすぎて目をつけられない範囲内で節税をするにはどうしたらいいか？」「納税資金を不足なく準備するにはどうしたらいいか？」という判断をするには、最新かつ有効な情報を集めて分析し決定していくことがとても重要です。

そのためには、病気の治療と同様に「専門家任せ」にするのではなく、自分が決断するための情報を集める必要もあります。相続税に限らず税制はとても複雑です。ちょっとした要件の違いで特例の適用が受けられない場合もあります。

それでは、実家の土地建物やマンションを相続する人は、いつ、誰に相談すればよいのでしょうか？　相続対策の成否を決めるのは、相続する財産のうちに大きな割合を占めるであろう不動産について、その処分や特例の適用について、相続する前から専門家に相談しているかどうかなのです。その場合、**単なる不動産仲介業者に相談するよりも、コンサルティング業務に重きを置いているような専門家に相談するのがよいでしょう。**

なぜならば、仲介業者の場合は売買が成約しないと手数料が入らないため、売るか売らないかがはっきりしていない段階では相談に身が入らないのです。このような「売買や賃貸などの取引は相談結果で決める」ような場合は、**きちんとコンサルティング料を取って事前に相談ができる専門家である「公認不動産コンサルティングマスター」が適任といえるでしょう。**「タダほど高いものはない」の逆というわけではありませんが、「手数料を取って相談に乗る」ことを生業としている以上は、そのアドバイス内容には大きな責任が伴っているものです。

また、実家を売るにせよ貸すにせよ、このコンサルタントが直接行うと「利益相反」となりえますから、実際には提携している不動産業者などを紹介してくれるものです。場合によっては税理士や不動産鑑定士などとも提携してアドバイス業務を行っています。

公認不動産コンサルティングマスターは、宅地建物取引士や不動産鑑定士、一級建築士などの有資格者が一定の業務経験を備えていることが資格取得の条件となっているため、不動産の専門家でありながらコンサルティングの専門家でもあるのです。

情報とは、信頼に足る人からタダではなくてお金を払ってでも得る価値があるものです。そうして得た情報を自分で得心するまで調べるのです。調べても分からなければまた専門家を活用します。情報に対して受け身になるのではなく、主体性を持って臨む姿勢が必要です。それこそが「情報リテラシー」が高い人であって、相続対策で成功を収める可能性の高い人なのです。

Point 29

〝訳あり〟家庭の方は遺言書が絶対に必要！

世間にはいろいろな家庭の事情があります。必ずしも、絵に描いたような「父、母、子ども2人」という家庭ばかりではありません。次のような〝訳あり〟の方なら、ぜひとも遺言を残してほしいと思います。それも素人考えで書くのではなく、その道の専門家のアドバイスを聞いたうえで書かれることをお勧めします。

戸籍上の妻とは別の女性との間に子どもがいる人

結婚していない女性との間に生まれた子どものことを生前に認知していれば、遺言がなくてもその子は相続人となれますが、もし、認知していないままその父親が亡くなると、その子は相続人とはなれません。

けれども、あなたがその子どもを大切に思っているなら、遺言書に書いておくことで「非嫡出子の認知」を法的に有効に行うことができます。ただしこの場合、**遺言執行者**が認知届を役所に提出することになりますので、遺言の中で遺言執行者を指定しておくべきと考えられます。

このようなことは相続人に対する関係でも非常に折衝しにくい問題でもあり、専門性も必要とされますので、遺言書の作成も遺言執行者も弁護士などの専門家に依頼するのがよいでしょう。

相続人の中に財産を相続させたくない人がいる場合

親に対する家庭内暴力がひどい息子や、ヤミ金融や消費者金融などで借金を繰り返しては親がその尻拭いをさせられた場合など、その親が遺言を残すときにどんなことを考えるでしょうか？

「あいつには財産を残さないほうがいいな」「あいつにだけは財産をやりたくない」と考えるのも致し方ありません。**そういうときには相続廃除という制度があります。**

それは、被相続人（亡くなった人）に対する虐待または重大な侮辱ないしはその他の著しい非行があった場合に、被相続人が生前に家庭裁判所に申し立てを行うか、遺言の中で相続廃除の意思表示を行っている場合に、被相続人の死後に遺言執行者が家庭裁判所に同じく申し立てを行うことで、申し立て対象相続人の相続権を失わせることができるものです。

別れた妻も
いるし
愛人も
いるし
子どもも
いるし
でもアイツには
残したくない
な〜

ただし、相続権を奪うという重大な判断について、家庭裁判所は慎重な判断を行いますので、単に親子仲が著しく悪かったということで認められるわけではありません。

なお、**廃除の対象となるのは遺留分を有する推定相続人（配偶者、子、直系尊属）と定められていますので、被相続人の兄弟姉妹は遺留分を有さないため廃除の対象となりません。**なぜなら、兄弟姉妹が相続人となる場合で遺産を相続させたくない場合は、単に「相続させたくない者以外への財産を相続させる」遺言を残しておくだけで目的を果たせるのです。

例えば、子のない夫婦（88歳の夫・太郎と82歳の妻・花子は都内某所に小さいながらも夫名義の一戸建てを所有して住んでいます。太郎の両親は数十年前に他界していますが、太郎には歳の離れた弟・次郎（75歳）が健在です。

太郎は、「自分が死んだらこの家の相続権は花子が4分の3、次郎が4分の1か。この家の価値は少なくても４０００万円は下らないだろうから、生活にゆとりのない次郎が相続分（１０００万円）をくれと言い出したら花子が困るだろう」。そう思った太郎は公証役場に相談に行き、「自宅（正式には登記上の所在地番等を明記します）は妻・花子に相続させる」という公正証書遺言を作成しておくことにしました。その後、太郎は亡くなりましたが、遺留分のない次郎はどうすることもできず、公正証書遺言のおかげで花子は太郎の残してくれた自宅で安心して暮らすことができたのです。

相続人の廃除を遺言で行う場合は、遺言執行者を定めておくことが必要であり、かつ、難しい手続きを実現できるような専門性を持った者（弁護士等の相続手続きの専門家）を遺言執行者に指定しておくべきでしょう。

これらの「訳ありの相続」の例以外にも、「離婚や再婚を繰り返していて家族関係が複雑な場合」や「相続人の中に行方不明の人がいる」場合など、「相続手続きは困難を極めるかもしれないな、遺言書をちゃんとつくらなきゃいけないな」とお思いの人は、ぜひとも専門家に相談してください。

Point 30

老老相続時代の秘策「家族信託」とは？

2015年1月からの相続税増税に関連して、その前から今に至るまで多くの新聞や雑誌等で相続税対策の特集記事を見かけるようになりました。そのなかには「家族信託」に関する記事も多く見られ、すでに言葉くらいは知っているという人も多いのではないでしょうか？

「信託」は財産を強固に守る仕組み

家族信託（※1）とは「遺言または信託契約によって、自分の所有している財産を家族の誰かの名義に移してその運用や管理を任せつつ、その財産から得られる利益は自分または自分が指定する第三者に得させること」をいいます（※2）。

財産の管理を任せる人を「委託者」、任せられる人を「受託者」、利益を得る人を「受益者」と呼んでいます。

信託の本質は読んで字のごとく「信じて託す」ということなのですが、法律上強固に守られ

■「家族信託」のイメージと機能

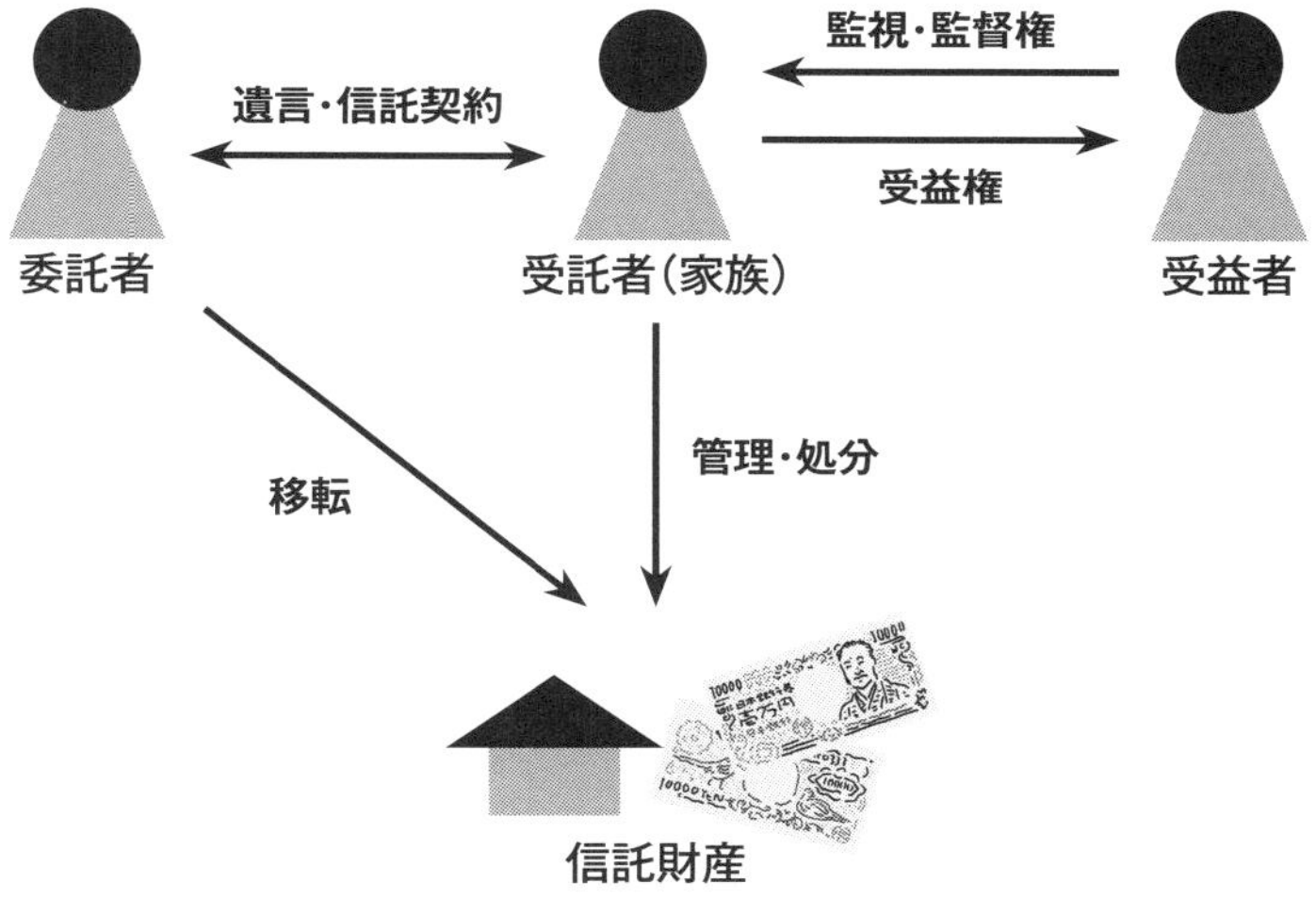

資料：一般社団法人家族信託普及協会ホームページより

ている制度でもあるのです。例えば、賃貸アパートの名義を父親から息子に信託による所有権移転をしたとします。息子は信託契約に従ってアパートの賃料を回収して父親に渡さなければなりません。そのような場合には、アパートの賃料を振り込んでもらう口座名義を息子の名前と併記して「山田太郎信託口座」などとしておいて、息子の他の預金口座と明確に分けて管理する義務があるとされます

また、息子がギャンブルにおぼれて借金で破産したとしても（アパートの名義は息子になってはいても）、所有権移転の原因が「信

託」として登記されているため、破産による手続きでもアパートは没収されることなく守られるのです。

商事信託と民事信託の違い

相続問題が脚光を浴びるようになってから、世間では「信託銀行」や「信託会社」も活発に営業活動を行っています。このような営利目的で信託に関する業務を行う場合を**「商事信託」**といいます。

これに対して**「民事信託」**とは、受け手（受託者）が家族の場合が多く、必ずしも家族ではなくても、非営利すなわち手数料をもらわないで信託に関する業務を行う場合をいいます。この民事信託のうち、**受託者が家族の場合を家族信託と呼んでいるわけです。**

にわかに脚光を浴びるようになった家族信託ですが、相続に際してどのようなメリットがあるのでしょうか？　遺言や成年後見制度などと比較することでそのメリットがよく分かります。

相続対策といえば「遺言」と「生前贈与」といわれるように、相続に不安があるような人たちにはその効能が浸透してきています。遺産分割でもめそうな場合には、専門家に相談してきちんとした内容の遺言を残しておくことがとても有効です。

ところが、遺言による相続では、遺言者が亡くなるまでは遺言書に書いたことは実現することはできません。従って、遺言を書くときは正常な意思能力を持っていて書いたとしても、遺言を書いた後で認知症になった場合などは、生きている間の財産管理が難しくなります。このような場合には「成年後見制度」を利用することになります。すなわち、裁判所に成年後見人等を選任してもらって認知症の方の財産管理を任せることになるわけです。

遺言や成年後見制度では対応できないことがある

ですがもし、遺言書を書いた後で不動産に関する税制の大幅改正があったり、株式市場の大暴落があったりして、遺言書を書き換える必要が発生したらどうなるでしょうか？　遺言書は意思能力がないと書けません。従って、認知症になってしまうと書き換えることができなくなります。

では、成年後見人はどうでしょうか？　もちろん本人の代理として法律行為を行うといえども遺言書を書くことまではできません。ですから遺言書に書いておいた内容は書き換えることはできないのですが、財産の処分等を行うことはできます。

ところが、将来の相続税対策として更地にアパートを建設することや、現在の所有不動産を売却して節税効果の高い不動産に買い換えるなどの「節税対策のための不動産の購入や不動産の処分」については簡単にはできないのです。

成年後見人等が本人の代わりに財産を処分する場合は、家庭裁判所の許可を得る必要があります。ところが財産を処分することには、「価格が適正なのか」「不動産を買い換えて本当に本人のためになるのか」などはよほどの専門家でなければ確信を得られません。

裁判官は法律には精通していても、節税策や不動産マーケットの将来には精通していません。

結果的に「判断できない＝許可できない」となるのです。

家族信託には運用に関する自由度の高さと相続対策上のメリットがある

家族信託を使えばこのような難題をクリアできます。父親所有の不動産を、長男を受託者、父親を受益者として信託したとします。信託契約の中に遺言では対応できないような内容、すなわち「委託者（父親）が認知症になった場合で、不動産市場が下落を続ける見込みとなった場合には、受託者は不動産を売却して現金に変えること」などという**極めて自由度の高い設計**

ができるのです。

さらにこの受益者である父親の権利を受益権といいますが、父親が亡くなればこの信託受益権を当初の信託契約の中で相続人を指定して相続させることができますから、遺言の機能そのものも果たすことができるのです。遺言代わりに信託を使うことを「遺言代用信託」と呼んでいます。

信託を使う相続対策には「生前贈与」ではできないメリットもあります。実家を生前贈与によって同居している長男に所有権移転しますと、父親が亡くなったときにその実家は相続財産ではありませんから、「小規模宅地等の特例」の対象ではないのです。従って、贈与時に贈与税を払っていれば相続税はかかりませんが、相続時精算課税制度（179ページ参照）によって贈与税を減額または回避していた場合には、相続時に相続税が発生することになります。

ところが信託による所有権移転は名義上のものであって、実質的な所有権者は「受益者である父親」とされます。従って信託をしていた不動産、例えば実家については、相続発生時に小規模宅地等の特例の適用を受けることが可能となります。

相続は一代限り、信託なら「代々引き継ぐ」ことも可能

世間では今「老老介護」の問題も大きくクローズアップされていますが、相続税増税を機に「老老相続」の問題も持ち上がってきました。親が90歳で子どもが70歳というような相続も日常的に起こっています。ところが、親が亡くなって相続した子どもも遠からず亡くなって相続が発生するような状況では、親からみれば孫に当たる人も相続税対策などを考えなければなりません。

不動産がたくさんあるような資産家の家では、誰が相続するのかも悩ましいものです。そこで信託の出番となります。

ありがとう
まかせろ 親父!
え〜っ
今度は
お前に相続
!?
相続対策は
早めに限る!

遺言では誰に相続させるかについては一代限りの相続しか指定できません。

しかしながら**信託契約の中に、「自宅の信託受益権は長男Aに相続させる。長男Aが亡くなった場合は長男の息子Bに相続させる」という「後継ぎ遺贈型受益者連続信託」と呼ばれる手法を使って、代々守っていきたい財産を守ることも可能となります。**

家族信託自体は最近になって注目されるようになったため、専門家といえる人が非常に少ない分野です。弁護士や司法書士には信託法に詳しい人はいますが、財産管理や相続実務も含めて詳しいかどうかが問題です。もし、家族信託を相続対策に活用したいと思われる場合は、「家族信託の専門家探し」からスタートするべきでしょう。

※1　「家族信託」は一般社団法人家族信託普及協会で商標登録がなされています。

※2　家族信託普及協会は、「『家族信託』とは、一言でいうと『財産管理の一手法』です。資産を持つ方が、特定の目的（例えば「自分の老後の生活・介護等に必要な資金の管理及び給付」等）に従って、その保有する不動産・預貯金等の資産を信頼できる家族に託し、その管理・処分を任せる仕組みです。いわば、『家族の家族による家族のための信託（財産管理）』と言えます」としています（http://kazokushintaku.org/whats/）。

〈デメリット〉

相続時精算課税制度にはデメリットもあります。相続税の基礎控除額の範囲内に収まる遺産しかなければ気にしなくてもいいのですが、相続税がかかる最大の財産が不動産である場合に、「贈与した不動産は相続時に小規模宅地等の特例を受けられない」ということがあります。8割も評価額を減らせるのにそれができないのは大きなデメリットです。また、不動産を贈与するときに名義変更にかかる登録免許税は、相続に比べて5倍と割高です。不動産の贈与は慎重に検討するべきといえるでしょう。

また、相続時精算課税制度を利用して贈与を行った後では「暦年課税制度」は二度と使えなくなります。暦年課税による贈与には「もらう側が1年間に110万円まで非課税」という大きなメリットがあります。若くして多額の金融資産を持つようになった方の相続税対策においては、10年単位で多くの相手に非課税枠で贈与することで大きな節税効果があるといわれています。このような方も相続時精算課税制度を利用するかどうかは慎重になるべきでしょう。

知って納得！コラム❸

「相続時精算課税制度」って何？

相続時精算課税制度とは、簡単にいえば「生前に贈与された財産と相続で取得した財産を一体化して課税する制度」というものです。もう少し詳しくいいますと、まず「60歳以上の父母か祖父母から20歳以上の子か孫にされる贈与」に限られます。次に「現金や預金、不動産等の財産の種類は問わずに、生きている間に何回でもできるが合計2,500万円まで非課税で、それを超えた部分には受領する側に20％の贈与税がかかる。ただし、相続時に相続税との差額が精算される」というものなのです。

〈メリット〉

相続時精算課税制度のメリットは、「贈与時点での財産額で相続税を計算する」ことになっていますので、「値上がりする可能性が高い高額財産なら、先に贈与しておくことで後で払う相続税が減る（＝得する）可能性がある」ということです！　ある土地の近くに鉄道の新しい駅ができる計画が持ち上がったとすると、その土地は将来かなりの割合で高騰しますね。土地の値段が上がる前に贈与しておくことで、贈与しなかったときの相続財産よりも相続税課税価格が低くなり、結果的に相続税が少なくなります。

Point
31
中古住宅の売買を円滑に進める「建物状況調査」

皆さんの実家の相続に影響を与える要因は、「マーケットの変化」「相続税制の改正」以外にもいろいろとありますが、今回は、その中でも「実家が古い戸建てや老朽マンション」で、売却を考えている人たちに大きな影響があると考えられる「宅地建物取引業法の改正」について説明します。

空き家対策としての中古住宅流通の活性化

宅地建物取引業法の第1条では、その目的として**「購入者等の利益の保護」を図る**とあります。そのため事業者に対しては、注意義務や調査義務ならびに説明義務を怠ったりしたことで、売買の当事者に大きな損害を与えることのないように、厳しい規制を課しています。また、第1条ではもう一つ**「宅地及び建物の流通の円滑化」を図る**という目的も示されています。

すでに何度も触れているように、わが国では「空き家」が激増しています。実家の相続問題が未解決なまま空き家になることも多いのですが、国もこの空き家という社会問題にただただ手をこまねいていたわけではありません。例えば、「空き家対策特別措置法」(第5章-38参照)を施行することで危険な空き家の強制撤去が可能となり、また放置している所有者には固定資産税を6倍にするなどのペナルティーも課せるようになりました。**いわば空き家に対する罰則強化といえるでしょう。**

しかし、そればかりでは空き家問題が解決するわけではありません。空き家の中には手を加えれば買い手や借り手が見つかるような物件も多々あります。そのような物件を市場で流通させることも大きな課題となっていました。

日本の住宅市場では長らく「新築信仰」が続いてきました。政府も住宅ローン減税策など新築住宅の取得をバックアップしています。それは「住宅を新築すると家具の買い替えや車の買い替えなどにもつながり、国全体の景気浮揚策として有効」と考えられてきたからです。

諸外国との比較でも、日本の中古住宅の全住宅流通量に占める割合は14・7%(2013年)で、米国のおよそ6分の1にすぎません。政府は、増え続ける空き家を何とかしなければならない、そのためには中古住宅の流通を増やす手立てを考えなければならないという強い危機感から、さまざまな施策を考えてきました。

宅地建物取引業法の改正

そして、ついに中古住宅の流通における中心的役割を果たす不動産業者に対して強い規制をかけることでその実現を図ることにしました。それが「宅地建物取引業法の一部を改正する法律（「改正宅建業法」）」（２０１８年4月1日から施行）です。

法律の仔細は専門書等に譲るとして、ここでは実家を相続する予定または相続した人が、その売却の際に関わる重要な部分についてご説明しましょう。

それは、相続する（相続した）実家を売却する場合、売買契約時に仲介を行う不動産業者が買主に対して説明する義務がある「重要事項説明」に二つの項目が追加されたことです。

一つは「建物状況調査の結果の概要」で、もう一つが「建物の建築及び維持保全の状況に関する書類の保存の状況」です。

(1) 建物状況調査（通称：インスペクション）とは？

国土交通省が２０１３年6月に策定した「既存住宅インスペクション・ガイドライン」によれば、検査項目は、

① 構造耐力上の安全性に問題がある可能性が高いもの（例：蟻害、腐朽・腐食や傾斜、躯体

のひび割れ・欠損等）

② 雨漏り・水漏れが発生している、又は発生する可能性が高いもの（例：雨漏りや漏水等）

③ 設備配管に日常生活上支障がある劣化等が生じているもの（例：給排水管の漏れや詰まり等）

とされ、検査方法は「目視を中心としつつ、一般的に普及している計測機器を使用した計測や触診・打診等による確認、作動確認等の非破壊による検査を実施する」とされています。

なお、検査を行うことができるのは「調査に係る一定の講習を修了した建築士」とされています。調査費用の目安は4万～6万円くらいです。

実は、改正宅建業法では「売買に際してインスペクションを行うこと自体は義務とはされていない。インスペクションを（1年以内に）行ったかどうか、行っているならその概要を説明することが義務」とされています。

この法律改正の真の目的は、中古住宅の流通を促進するために、費用をかけすぎずに簡単な検査をして、売買の際に不具合箇所の有無のめどを付けやすくすることにあります。

さらに、検査がされていなかったり、検査がされていても不具合箇所が分からなかったときに、売買の不安を担保するために「既存住宅売買瑕疵保険（既存住宅に瑕疵があった場合に補修費用等を保証する保険)」の加入を促すことにあるのです。

(2)建物の建築及び維持保全の状況に関する書類とは?

不動産売買等に関わっている方であれば「建築確認済証」や「検査済証」などはよく知るところですが、列挙すると以下のようになります。

① 建物新築時の「建築確認申請書とその添付図書並びに建築確認済証」の有無
② 建物新築時の「検査済証」の有無
③ 増改築を行った物件である場合の「増改築の建築確認申請書とその添付図書並びに建築確認済証」の有無
④ 増改築を行った物件である場合の「増改築の検査済証」の有無
⑤ 建物状況調査をした住宅である場合の「建物状況調査結果報告書」の有無
⑥ 既存住宅性能評価を受けた住宅である場合の「既存住宅性能評価書」の有無
⑦ 建築基準法第12条の定期調査報告対象建物(劇場等特殊建物)である場合の「定期調査報告書」の有無
⑧ 1981(昭和56)年5月31日以前に新築の工事に着手した住宅である場合の「新耐震基準等に適合していることを証する書類」の有無及び有る場合はその「書類名称」

以上が改正宅建業法において重要事項説明項目として追加されました。

改正宅建業法があなたの実家の売買に与える影響

法改正の利点は、あなたが建物を売る立場ではなく買う立場で考えてみるとよく分かります。もし、「建物状況調査」が行われていて、目視等の簡易な検査といえども「問題なし」という結果であったなら気持ちのうえでは買いやすくなりませんか?

逆に、数万円でできるにもかかわらず「建物状況調査はしていない」と言われたら、「何か問題があるのではないか」と疑いたくなりませんか?

あるいは、田舎の実家を買いたいと言ってくれる人が現れたとします。その人はもしかしたら買った後で「民泊」として活用しようと考えているかもしれません。民泊については第5章-37で詳しく触れますが、旅館業法の適用を受けない場合と、旅館業法の適用を受ける場合があります。旅館業法の適用を受ける場合は「簡易宿所」といって、旅館業法、都市計画法、建築基準法、消防法などに定められた基準をクリアしていなければなりません。

これらの基準をクリアするための大切な資料として「検査済証」というものが必要となりま

す。検査済証とは「建物が適正適法に建てられた」ことを建物完成時に役所によって確認を得た証明書なのです。この検査済証がないと「推定違法」ともいえるような扱いを受けます。また、検査済証は一度しか発行されないものです。失くしたら再発行の手続きがありません。あるかないかで天と地ほどの開きがある代物なのです。

もし、**あなたが相続する予定の実家があって、いま現在は自分の親が普通に暮らしている建物なら、相続前であっても相続後であっても「建物状況調査（インスペクション）」を実施することをお勧めします。**なぜなら、普通に暮らせているということは大きな問題がない可能性が高いからです。大きな問題がないなら買主に安心を与えうる建物状況調査が行われているほうが売れる可能性が高くなりますよね。

第5章

それでも実家を相続してしまったら

Point 32

油断大敵！　相続税がかからなくても申告が必要な場合

「相続税大増税！」がここ数年にわたって大きな話題となってきました。自分の親に多少でも財産があれば、「もしかしてウチにも相続税がかかるかもしれない。雑誌の記事くらいは読んで少しは対策を考えておこう」などと思う人がいるのではないでしょうか。

でも、ご用心ください。昔から「生兵法は怪我のもと」といいます。過度に恐れるのもいけませんが、税金、特に相続税の問題はとても難しい分野といわれています。素人考えで対応しますと思わぬ大怪我をすることになります。

相続税がかからない人は原則的には申告不要

相続税がかかる人の場合、**相続開始を知った日（親や配偶者の死亡日）の翌日から10カ月以内に相続税の申告と納税**をしなければなりません。そこで第一の関門は「相続税がかかるのか、かからないのかを知る」ということになります（第4章-25参照）。

ここで、大幅（4割も！）にカットされた相続税の基礎控除額についておさらいします。亡くなった人の相続財産が**「3000万円＋600万円×相続人の数」**よりも少ない場合は、相続税はかかりません。従って税務申告や納税の手続きも一切ありません。

　次に、亡くなった人の相続財産が「3000万円＋600万円×相続人の数」よりも多い場合は、相続税の申告手続きが必要となります。ところが、マスコミ情報でなまじっかの知識を得た人の中には、

「ウチの財産の大半は実家の土地建物だし、長男の俺が亡くなった親父と同居していたから、俺が相続する分には『小規模宅地等の特例』が適

用されるはずだ。だから評価額が8割減になれば相続財産は基礎控除額を大きく下回るから相続税はかからない」

と考えて安心する人もいます。けれども、「申告」という重要な手続きをしないままにしておくと大変です！

特例の適用を受けることで相続税から免れる場合は申告が必要

小規模宅地等の特例は、不動産を相続するときにその相続税評価額が最大で8割も減額されるという大変ありがたい制度です。ただし、この特例の適用を受けるためには**「相続税の申告期限までに遺産分割が終わっていること」**と**「特例の適用を受ければ相続税がかからない場合でも、相続税の申告手続きをしなければならない」**という条件があるのです。

「8割も相続税評価額が下がる」というとても大きな恩典を受けたいなら、相続税がかからないと考えていても「相続税の申告書の提出」を絶対に忘れないでください。

このほか小規模宅地等の特例と双璧をなす相続税の軽減特例に「配偶者の税額の軽減」という制度があります。この配偶者の税額の軽減という制度も、その適用を受ければ相続税がゼロになる場合でも申告することが必要です。また、期限内に遺産分割できていない場合でも、小規模宅地等の特例とまったく同じ「期間の延長制度」も用意されています。相続税がかからないとぬか喜びしている皆さん、ぜひ申告制度についてもよく覚えておいてくださいね！

相続税の申告期限までに遺産分割の話し合いがまとまらない場合は？

なお、相続税の申告期限までに遺産分割の話し合いがまとまらない場合はどうしたらいいのでしょうか？「誰が実家を相続するか」は、めぼしい財産が実家だけのときの相続では大いにもめるものです。だから国もそのような事態を想定しつつ、「相続金持ちと相続貧乏の分かれ道」ともなる小規模宅地等の特例の適用可否については、ちゃんとバックアップしてくれています。

まず、遺産が未分割の状態なので、「各相続人が法定相続分で相続したもの」として、特例の適用を受けられない場合の相続税の納付・申告手続きを行います。その際に**「申告期限後3年以内の分割見込書」を提出しておきます。そして3年以内に無事に遺産分割が終了して、特例の適用を受けられる場合は、分割成立日の翌日から4カ月以内に「更正の請求」という手続**

■遺産相続手続きのフローチャート

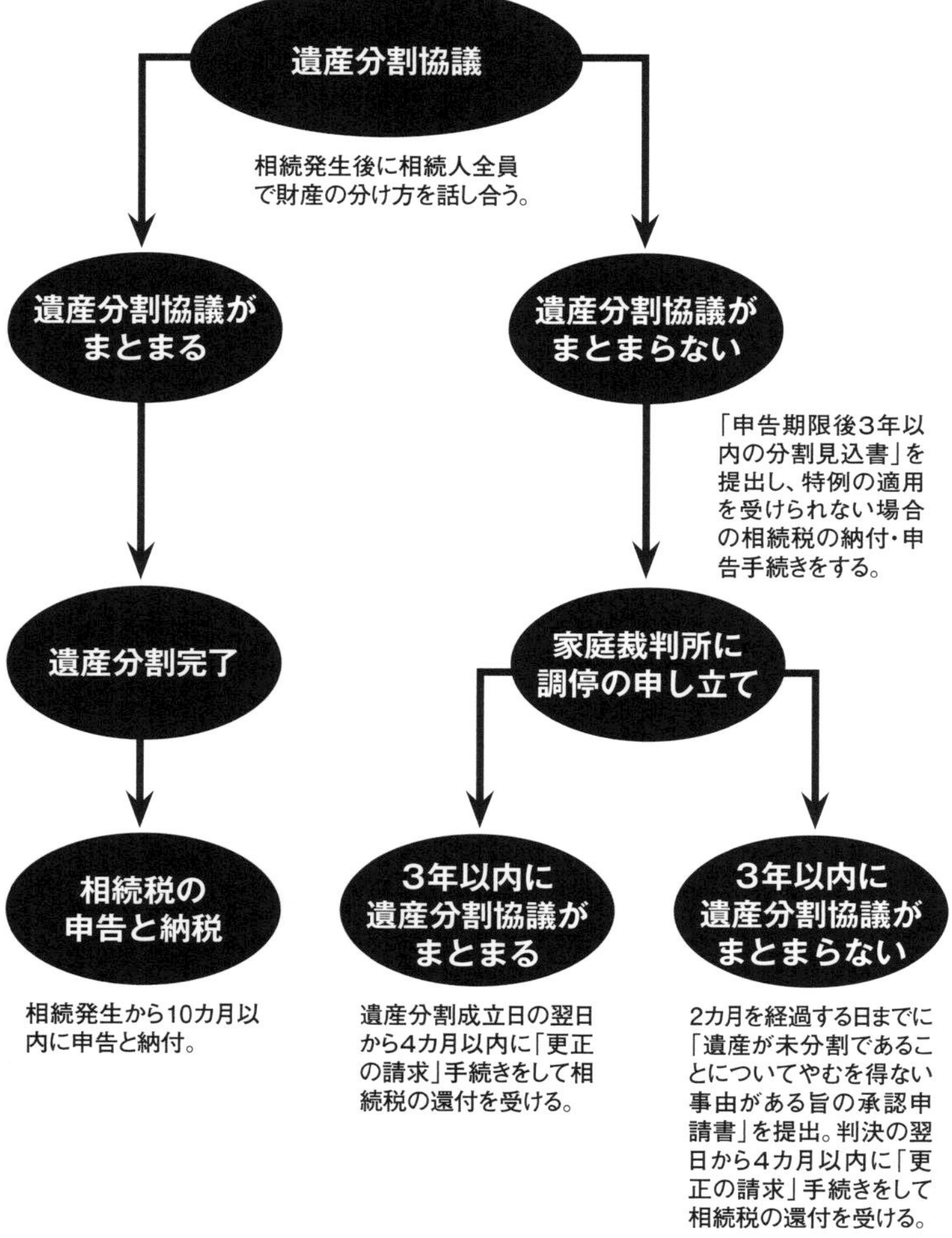

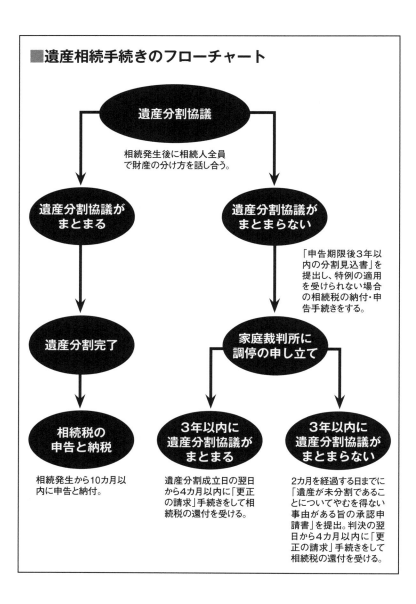

相続発生後に相続人全員で財産の分け方を話し合う。

遺産分割完了

家庭裁判所に調停の申し立て

きをすることで、払い過ぎた相続税の還付が受けられるのです。

まだあります。実は、この「申告期限後3年以内の分割見込書」を提出していても、相続人間で話し合いがまとまらずに裁判になっている場合もあります。

そのような場合には、相続税の申告期限から3年を経過する日の翌日から2カ月を経過する日までに**「遺産が未分割であることについてやむを得ない事由がある旨の承認申請書」**を所轄税務署長宛に提出して承認を得ることで特例の適用を受けることができます。

この場合は、裁判の判決の日など一定の日の翌日から4カ月以内に遺産が分割されて、更正の請求を期限内に行えば、払い過ぎていた相続税が還付されることになります。

Point 33

相続税の申告が期限に遅れたらどうなる？

「相続税の申告が遅れたらどうなりますか？」と聞かれたら、「大変なことになります」と言わざるを得ません。その「大変さ」は申告が遅れた理由によっても異なってきますが、「うっかり忘れていました。遅れたけど今から申告します」というような悪質性がないような場合でも、「無申告加算税」という年5％のペナルティーが課せられます。

税務署は「うっかりミス」を許さない

5％と聞いてどう思いますか？　ちなみに平均的な銀行の普通預金の金利は0・02％、定期預金なら0・1％程度ですから（銀行ごとに異なりますが、よくある金利レベルです）、相続税の申告が遅れただけで加算される割合は、銀行金利の50～250倍になるんです！

さらに、「申告が遅れる＝納税も遅れる」わけですから、無申告加算税とは別に「延滞税」も課されるのです。**申告期限から2カ月以内に納税する場合でも原則年7・3％が、2カ月を**

超えてしまうと年14・6%にもなります。

大切な親族が亡くなった喪失感とともにあっという間に時間が過ぎていく

相続税に限らず税金というものには納めるべき期限があるのですが、なにせ相続税は**「財産を持っていた人が亡くなったことを知った日の翌日から10カ月以内に申告し納税する」**義務があります。何度も言いますが、自分の親や配偶者が亡くなるだけでも大変なことです。葬儀や法事や遺品の片付けというものも、人生で初めて遭遇したりすることばかりです。そのような中で、短期間のうちに遺産分割を終えて相続税の申告をして納税まで済ませるということは本当に大変なことだと思います。

さて、そのような厳しさがある半面、国（税務署）も少しは遺族（相続人）のことを考えてくれています。ある程度の財産がある人が亡くなると、税務署から相続人の代表者（例えば配偶者や長男など）宛に「相続についてのお尋ね」や「相続税の申告書」が送付されてきます。人が亡くなると死亡届が市町村役場に提出されますが、市町村役場から税務署に通知がいくようになっているのです。

そして税務署では不動産や金融資産にかかる各種の納税情報をもとに、「この人の場合は相続税がかかるはずだ」と思われるところには、あらかじめ「相続税がかかるのではないですか？かかる場合はきちんと申告して納税してください」と教えてくれるのです。「教えてくれる」といえば親切に聞こえますが、「相続税を取りっぱぐれないようにしたい」ということです。

相続税は相続が発生しても自動的に課税されるわけではありません。相続人が相続財産の明細を申告して、相続税が計算されて納税に至るわけです。いかな税務署といえども、亡くなった人のすべての財産を把握しているわけではありません。だから「正直に申告しないと大変なことになりますよ」という制度を用意しているわけです。

正直者はバカをみない

例えば無申告加算税でも、「自分の計算では相続税がかからないと思っていた。だから申告していなかった」などという場合で、専門家などに指摘されて「自主的に」相続税申告をして納税する場合は5％の加算税で済みますが、税務署が「あの家は相当な資産家なのに相続税の申告をしていないのはおかしい。調査してみよう」となって、税務署の調査の結果、申告を余

儀なくされた場合は10％という倍の加算税になるのです。

また、期限までに申告はしていたけれども、相続財産を少なく見積もっていたなどで税務署から指摘を受けて追加で相続税を納めることになれば、「過少申告加算税」というものが10〜15％もかかってきます。さらに、「相続財産を隠蔽して相続税を過少に申告していた」ことがばれますと「重加算税」として35％も加算されることになっています。

最も悪質なケースでは「相続財産があって相続税を納めるべき人が、その相続財産を隠蔽したうえに相続税を申告しなかった」場合には、実に40％もの重加算税が課されるのです。

相続税がかかりそうな人は、その税額の大小はさておき、「相続税を期限までに申告して納税すること」がいかに重要であるか、そして少しでも遅れたら銀行預金金利の何十倍も上乗せで支払う羽目になることは覚えておいたほうがいいかもしれません。

Point 34

売るにも貸すにも避けて通れない「実家の片付け」

実家の相続をめぐってきょうだい間で争いのある人も、争いなく円満に相続できた人も、決して避けて通ることができないのが「実家の片付け」です。今はまだご両親が健在の人たちも、この問題については相続税対策とは違った意味で早くから気構えを持っていたほうがよいのではないでしょうか?

増え続ける実家の中の物たち

皆さんはお盆やお正月に実家に帰省したときに、封を開けていない消費期限切れの調味料を見つけたことがありませんか?　使われていないティッシュボックスやトイレットペーパーがたくさん積まれているのを見たことがありませんか?　まだまだ元気だと思っていた親もいつしか年老いて買い物に行くこともおっくうになります。たまに買い物に行ったときには、ついつい物を買い過ぎてしまうのかもしれません。

日々消費していくような日用品ですら捨てられることなくドンドン家の中にたまっていくのですから、ましてや誰かからもらったお中元やお歳暮はもちろん、若いときから大切にしてきた洋服や装飾品等がたくさん家の中に詰まっていることはよくあることです。

最近の世の中は「断捨離」や「ミニマリスト」が脚光を浴びています。要らないものは捨てる、必要なものしか家の中に置かない生活をすることですね。しかし、そういう人たちばかりではありません。戦中戦後の貧しい時代に幼少期を過ごし、つめに火をともすようなつつましい生活を美徳として生きてきた今の高齢者の方々がその代表で、外国人にも「モッタイナイ」文化は理解されているほどです。そんな方々が汗水たらして働いて得た夢のマイホームこそが「実家」なんです。その実家には、両親が生きてきた証や思い出の品々が捨てられることなく詰まっているのです。

遺品整理業者選びは慎重に！

さて、そのような尊敬すべき両親が亡くなって実家を相続したとき、実家に住むにせよ、実家を売るにせよ、あるいは実家を貸すにせよ、**絶対にやらなければならないのは、家の中に残**

されたたくさんの物を処分することなのです。もちろん形見分けのようにして親族や友人がもらっていく物もあります。遺品の中に高価な宝石や絵画等があれば遺産分割の対象にもなります。でも、その他の「要らない物」については、意を決して処分するほかありません。

超高齢社会といわれる日本はいま「多死社会」ともいわれます。たくさんの老人がいるので毎年たくさんの方が亡くなっています。そのため「遺品整理業者」なる業者も多数存在します。たくさんの業者がいるということは、なかには質の悪い悪徳業者も必ずいるものです。よく比較検討しないで依頼すると高額請求される場合もあるので注意が必要です。逆に安すぎる業者も要注意です。作業が荒っぽかったり廃棄処分が違法であったりします。親の遺品が違法投棄されていたら嫌な気持ちになります。

このような業者選びは情報を集めて比較分析して慎重に

選びたいものです。
また、最近ではスマートフォンを使ったフリーマーケットへの出品（フリマアプリ）も不用品の処分には有効な対策となります。

親が生きているうちに知っておくべきこと

なかでも特に処分に困るのが神棚や仏壇などではないでしょうか？　ただ廃棄すればよいとは思えないものについては、神社やお寺に相談したり、葬儀社やその他の専門業者にもよく相談してみると的確な処分ができます。

できれば、**親が元気なうちに「思い出の品の処分方法」について、それとなく聞き出しておくとよいでしょう。**あるいは、両親のどちらかが亡くなった場合、残されたほうに、例えば「お父さんの大事にしていた写真はどうしようか？」「お母さんがたくさん編んでいた手編みのセーターはどうしようか？」などと聞いてみることは大切です。

もしかすると夫婦間で話し合っていたかもしれません。避けて通れないことについて、親が亡くなる前から取り組んでおくことも、相続税対策と同じようにとても有意義で大切なことなんですね。

Point 35

相続した実家を少しでも高く売るためにはどうしたらいいか？

ここでは、「過疎地の田舎にあるから、とても売れないだろう」と思われる実家は除いて、「値段や工夫で必ず売れるだろう」という実家を相続した場合のことを考えてみたいと思います。

何事も事前準備が大切なのは同じ

あなた1人が相続人であればまだしも、複数の相続人が相続する実家を「売る」と決めた場合、ある人は「いくらでもいいから早く売れればよい」と考え、ある人は「まとまったお金が入用だから少しでも高く売ってほしい」と考えたとしましょう。

そうすると、売却活動を始めてから運良く買い手がついたとしても、「その値段で売りましょう」という人と「そんな値段では売りたくない」という人に意見が分かれてしまうと、いつまでたっても売れずに困ってしまいます。

相続税が課税される場合なら、「延滞税」が発生する場合もあります。相続税が課税されない場合でも1年も2年も売却に手間取っていては、値段が1〜2割下がってしまうかもしれません。

そう考えると、売却活動に入る前には相続人の間で**「いつまでに売ろう」「いくら以上なら売ろう」とか、ある程度売却方針を決めておく必要があります。**

また、すでに述べましたが、古くなった不動産には「シロアリ被害はないか？」「配管類がダメになっていないか？」「雨どいは機能しているか？」など、物として瑕疵があるかないかを確認する必要もあります（第4章‐27参照）。

実家の売却はどの不動産屋に頼めばよいか？

さて、ここからが本題です。不動産を売却するには仲介業者に依頼する必要があります。そこで、どの業者に依頼するのがベストなのかを考えなければなりませんが、これが難しい。

全国区で展開している大手不動産会社がよいのか？　全国区ではないが地元では歴史も実績もある会社がよいのか？　あるいはまったくの零細不動産会社で無名ではあるけれど、知り合いの優秀な人が経営している会社がよいのか？　など、さまざまなタイプの不動産会社があり悩ましいのです。

ここでは、依頼する不動産会社の選び方のポイントを三つお話ししたいと思います。

① インターネット広告や検索システムにお金をかけて充実させているか？

② 大手であれ地元企業であれ、売却対象不動産の所在地域に精通した担当者であるか？

③ 厳しい意見であっても依頼者にきちんと言える担当者であるか？　その意見に根拠が明示されているか？

以上のポイントについて少し解説したいと思います。

不動産会社を選ぶ三つのポイント

最近の不動産業界における買主（賃貸業界なら借主）には、「まずネットで検索して欲しい物件の情報を集め、

比較検討する」という行動特性があります。従って、買主が検索したときに「検索でヒットする」広告を出していることが必須となります。今どきの不動産会社は大手中小にかかわらずほとんどがネットで広告を発信していますが、検索で上位にくるかは**「広告費やシステム投資にお金をかけているか」**どうかによるところが大きいのです。

次のポイントである**「担当者が地元に精通しているか」**ですが、運良く広告がヒットしてお客様を物件案内するまでこぎつけたとしましょう。そのときにいかにその物件がその地域・エリアの中で魅力的に感じられるかを、値段以外でもアピールすることができるかできないかが成約の可否と強く結びつくものなのです。

最後に**「厳しい意見を言える担当者であるか」**ですが、不動産会社の担当者の中には、依頼者に嫌われたくない一心で厳しいことは言わずに、物件の良いところだけをほめる担当者がいます。このような担当者の言いなりになっていると、時として売り時を逃してしまうものなのです。従って、厳しい意見、すなわち時には「値段を下げてみましょう」という意見も、その根拠が明確になっていれば良い意見となります。根拠なく値段を下げるように言ってくる不動産会社は論外ではありますが。

物件の持つ魅力を最大限に引き出す「ホームステージング」

そして最新の「不動産を高く売る方法」についても触れたいと思います。それは「ホームステージング」といわれるものです。

皆さんはネットで物件を検索してみたことがあるでしょうか？　中古マンションにせよ、中古戸建てにせよ、出てくる写真は殺風景な「空き部屋」「空き家」といった感がある写真が多いものです。これでは「ああ、ここに住んでみたい！」とはなかなか思いにくいものです。

ホームステージングとは、殺風景な空き部屋の中にその部屋の間取りや質感にマッチした家具や小物を置くことで「見栄えがグンと良くなる部屋のお化粧」のようなものです。これなら安くても良質な家具なら十分見栄えを良くすることができます。

そして何よりも効果があるのは「コストパフォーマンスが良い」ということなのです。どういうことかといえば、見栄え良くしようと内装をリフォームすれば１００万～２００万円はすぐにかかってしまいます。これに対してホームステージングなら売れるまでのレンタルが可能です。費用も数十万円以内で収まり、売却価格で十分に元が取れる可能性が高いのです。売れる可能性の高い実家を高く売りたいと考えている方は、ぜひ検討してみてください。

Point 36

実家を貸すならDIY賃貸がオススメ!

なぜ今、「DIY(Do It Yourself)賃貸」が注目されるのか? それは全国で増え続ける空き家の問題に真剣に取り組まざるを得ない国土交通省が、政策的にバックアップすることによって推進されている面もありますが、若者たちが個性豊かな暮らしを追求する中から生まれてきたカルチャーでもあるのです。

古くなった実家にあまりお金をかけないで賃貸に出したい!

DIY賃貸とは、**「内装が古くなった建物を賃貸する場合に、借主の費用負担によって借主が自分の好みの内装工事を施したうえで賃借して入居する賃貸」**というものです。

現在の賃貸市場では、貸主の費用負担によって貸主が依頼する内装工事業者が工事をしたうえで借主が借りて入居するのが当たり前のようになっています。しかし、DIY賃貸は逆転の発想ともいえるまったく新しい賃貸の形なのです。

リフォームしても
売れなきゃ
……
そうだ！
DIY
賃貸に
しよう！
内装工事は
借りた人がして
くれないかな〜

誰も住むことがないまま空き家になった古い家をリフォームして賃貸にするためには、高額のリフォーム代を負担する必要があります。ところが、賃貸ビジネスなど経験のない相続人にとっては大きなリスクを感じます。空き家に対して高額のリフォーム代を負担してまで賃貸に出したものの借り手がつかなかったり、借主が現れても家賃を滞納したりするリスクがあるからです。

しかしながら、**DIY賃貸なら高額のリフォーム代を負担しなくても済みます。**また、借主自ら費用負担をしてまで借りた物件ですから、家賃の滞納リスクも相当程度低くなるものなのです。

今はどの地方でもロードサイドには大型

ホームセンターなどがあります。借主には千差万別の借りる目的があります。

「自分の実家は不便な場所にあるから借り手などつかないだろう」

と思っていても、内装工事を自由に行えるＤＩＹ賃貸として破格の賃料で募集すれば、生活の本拠地としてのみならず、週末だけの家庭菜園や田舎暮らしを楽しみたい人などが借りてくれる可能性もあります。借り手にとっては「ＤＩＹ別荘」ですね。どんな田舎の空き家でも諦めることはないのです。

借り手がつくのに放っておくのはもったいない「都心の空き家」

さて、それとは逆に、都心部にあっていくらでも借り手がいそうな場所なのに薄気味悪い廃屋になっている空き家も結構増えてきています。皆さんも日常的に見かけるのではありませんか？　これらの空き家の多くは相続絡みの紛争で手付かずになってしまった場合が多いのです。もちろん、何らかの事情で売ることも貸すこともできないのかもしれません。

もし、相続人の誰かが売ることを反対している場合、「それなら当分の間は賃貸にしておこう」と考えても、なにせ相続争いの真っ最中ですから、賃貸に出すためのリフォーム費用の負担について相続人の間で話がまとまるはずがありません。

そういうときこそ借主負担型ＤＩＹ賃貸がもってこいなのです。

都心の便利な場所で相場に比べて破格の賃料で募集すれば必ず借り手がつきます。そうすれば困った空き家、近所から訝しく見られていた空き家が生き返るのです。そのうえ賃料が入ってきます。その賃料は相続争いの結果として、最終的に誰が実家を相続したかにかかわらず、「遺産とは別個の財産というべきであって、各共同相続人がその相続分に応じて分割単独債権として確定的に取得する」と最高裁判所が判示しています（最高裁平成17年9月8日）。

注意点としては、借主が複数の相続人に分割して賃料を支払うのは面倒ですから、管理会社やサブリース会社などを利用するとよいでしょう。

相続争いと関係なくても、都心にある実家が空き家になっている人は、リフォームをせずとも貸せるかもしれませんので、ぜひご自分でＤＩＹによる賃貸物件にするべくトライしてみてください。

Point 37

インバウンド需要を取り込む「民泊」ビジネス

「売ろうと思えば売れる」「貸そうと思えば貸せる」ような実家を相続する人は、両親が亡くなって誰も住まなくなった実家をどのように活用すればよいのでしょうか？　近年、その有効活用の方法の一つに「民泊」ビジネスが脚光を浴びています。

「ホテルが足りない」訪日観光客４０００万人の実現に向けての壁

政府は、空き家の活性化に向けた政策の立案や中古住宅市場の流通活性化のための施策などを次々に打ち出しています。また、２０２０年の東京オリンピック開催年には「訪日観光客４０００万人」を目標にインバウンド戦略を進めています。けれども、増え続ける訪日外国人客のための宿泊施設の整備が追いついていません。宿泊需要に供給が追いつかないのです。

そんな折に米国発シェアビジネスの一翼を担うＡｉｒｂｎｂ社を利用して、日本人の自宅にまるで「ホームステイ」するような感覚で宿泊をする外国人がとても増えてきました。このような形態を「民泊」と呼んでいます。民家に宿泊するという意味ですね。

ところが、民泊が盛んになるにつれてある問題がクローズアップされるようになります。「旅館業法違反」の恐れです。継続的な営業として宿泊料を取って他人を宿泊させることは旅館業法の許可を受けなければできないと法律で定められているのです。継続的ではなく「1回だけ」なら有料で泊まらせても違反ではないのではとの議論のあるところですが、Ａｉｒｂｎｂ社の仲介サービスを利用するような場合は、インターネット上で登録して全世界に広告発信するわけですから、明らかに反復継続して営業をする行為とみなされます。従って旅館業法違反となるわけです。

ついにできた「民泊新法」

しかしながら、このような民泊によって海外からの旅行者の宿泊需要を満たす必要性も高く評価されている向きもあり、東京都大田区、大阪府においては従来から指定のあった国家戦略特区を活用して、実現に必要な条例も制定されたことによって合法的に民泊を営業することが

可能となりました。

そして、国家戦略特区以外の地域においても、合法的に民泊の営業を個人でも行えるようになるための「住宅宿泊事業法（民泊新法）」が２０１７年６月９日に成立し、２０１８年６月までに施行される予定です。今後は都道府県ごとに条例で詳細が規定されることになります。

民泊新法でハッキリと決まった点は「営業日数の上限が年間１８０日（１８０泊）まで」ということです。それを超える民泊の営業はできません。

ここで有用なポイントがあります。都心で賃貸マンションや賃貸アパートを借りて民泊ビジネスを行ってきた「違法民泊」では、１８０日という制限がなかったので、賃料を払っても利益を生み出せてきました。ところが法律施行後には営業日数が制限されてしまうため、借りる賃料が高い場所ではビジネスが成り立たなくなります。しかし、自分の実家を相続した方々であれば賃料を払う必要がありません。払う必要があるのは固定資産税や公共料金、そして民泊仲介業者やリネン業者等への費用だけですから、都会でも地方でも十分に利益を出していけるビジネスとなりうるのです。

実家で民泊を始めるためには

民泊新法では、民泊事業を始めるにあたって都道府県知事に届け出をする必要があります。主な届け出内容は、「氏名、住所」「管理業者を委託する場合はその業者の商号や所定事項」「住宅の図面」「破産して復権を得ない者ではないことや暴力団関係者でないことその他忌避事項に該当しないことの誓約書」など法律で決められた事項です。

また、宿泊の用途に供するわけですから、各種の衛生基準や防火基準を満たさなければなりません。そして民泊の主なターゲットである外国人旅行者をもてなすために、「設備の使用法や近隣交通機関について外国語で案内をしなければならない」ものとされています。

やっかいなところでは、今まで違法民泊が横行したために近隣住民との間で「騒音」「ゴミ出し」でトラブルが多発したために、住宅宿泊事業法第9条では、「住宅宿泊事業者は、国土交通省令・厚生労働省令で定めるところにより、宿泊者に対し、騒音の防止のために配慮すべき事項その他の届出住宅の周辺地域の生活環境への悪影響の防止に関し必要な事項であって国土交通省令・厚生労働省令で定めるものについて説明しなければならない」とされているのです。実家で一個人が手軽に始められるビジネスだと思っていた人には少々ハードルが高いかもしれません。

自分では住まない実家で民泊事業をするときは専門業者への委託が必須

仮に自分が今住んでいる自宅の1室で民泊を始める場合や、相続した実家に住みながら民泊を行う場合には、業者を頼まず自らが「住宅宿泊事業者」の届け出を行えば可能となるわけですが、素人にはなかなかハードルが高そうです。

そのような場合でも賃貸アパート等と同じように管理運営を委託することが可能です。ただし、相続はしたものの誰も住まなくなった空き家を活用するために民泊を行うような場合には、「国土交通大臣の登録を受けた住宅宿泊管理業者に運営管理業務を委託しなければならない」とされています。

今後、不動産管理業者などがこぞって登録申請をすると思われるので、委託先の選定にあたっては、その業者の信頼性や手数料等をよく比較・検討してみてください。

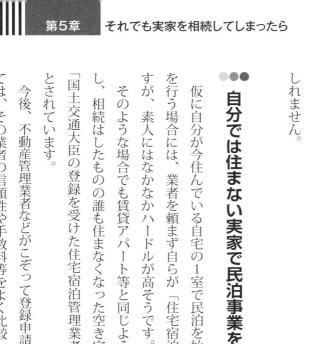

Point 38

住む予定のない「老朽化した実家」を相続する人は要チェック！

「空家等対策の推進に関する特別措置法（空き家対策特別措置法）」をご存じですか？2015年5月26日から全面施行された新しい法律です。何のためにできた法律かといえば、ズバリ「増え続ける日本全国の空き家を何とかしなければ」という地方自治体の要望に応えて国土交通省の肝いりで「国土政策の一環」としてつくられたものなのです。

増え続ける「空き家」

なぜ空き家は増え続けているのでしょうか？　主な原因の一つには、相続が発生して「親が住んでいた家に子どもが住まなくなった」ことがあげられます。

昭和の初期に生まれた今の高齢者の方々は、非常に持ち家比率が高いのです。そして、その子どもたちも「いつかはマイホーム」という気持ちを持って独立していったので、ドンドン住宅数が増えていきました。

ところが両親とも亡くなって、親の家、すなわち実家に誰も住まなくなっても子どもたちは自分の家があるので、実家には戻りません。それが今の空き家が増えている根本的な原因でしょう。ただ、都会や都心近郊であれば「空き家にしておくのはもったいない。売るか貸すかして収入を得よう」と考えますから、都心部でも老朽空き家は増えてはいますが、最後は更地にして売れていたりするものです。ところが人口減少の著しい過疎地などでは、そういうわけにはいかなかったのです。

今までは「空き家」でも建っているほうが得だった!

東京一極集中が叫ばれて久しいのですが、田舎には田舎のよさもあります。わらぶき屋根の古民家などが観光地化している場所もあります。けれども、わらぶき屋根でもないただの不便な過疎地というような場所では、売ることも貸すこともできないまま放置されている家屋がたくさんあります。

それは、相続のときに誰も引き取り手がなく、相続人が相続放棄しないまま遺産分割もせず、登記名義人も変えないまま放置しているのです。

なぜそのようなことになるのかといえば、名義が亡くなった人のままであっても相続は必ずされていて、固定資産税は必ず相続人の誰かが払っているのですが、ただ、田舎の老朽化した家では土地と建物を合わせても固定資産税はそれほど負担にはなりません。むしろ、建物を取り壊して売却活動をしようとしても売れない可能性が高ければ、200万円以上はかかる場合が多い解体費用をかけてまで売らなくても放置しているほうが安くつくと思われていたのです。

住宅関連には税制上の優遇策が取られることが多いのですが、**その最たるものが固定資産税です。なんと更地に比べれば、住宅用建物が建っている土地の固定資産税は最大で6分の1まで下がるのです！**　この効果は非常に大きなものがあったわけですが、人口減少社会に突入して住宅が余るようになって空き家が増えてくると「逆

効果」も現れるようになりました。相続した実家を売ることも貸すこともできなくなって、「解体費に200万円もかけて更地にしても売れないままになると固定資産税が6倍になるだけで損だ。やめておこう」となるわけです。

「特定空き家」に指定されたら大変なことになる!

そこで空き家対策特別措置法に定められた**「特定空き家」**(次ページ参照)に指定された場合は、たとえ建物が建っていても固定資産税を6倍に戻すということになったのです。そればかりではありません。特定空き家に認定されると、市町村長は所有者に対して建物の除却、修繕、立ち木の伐採など周辺環境の保全のために必要な措置を取るように、**①助言または指導②勧告③命令**――というように段階を経て是正措置を講じることができるのです。

最後の措置である命令に従わない場合は50万円以下の過料(罰金)に処せられます。また、**家屋倒壊の危険が大きいときは「行政代執行」といういわゆる強制執行によって家屋の取り壊し除去まで行われます。**

その場合にかかる解体費や産業廃棄物処分費はすべて所有者に請求されます。払わない場合

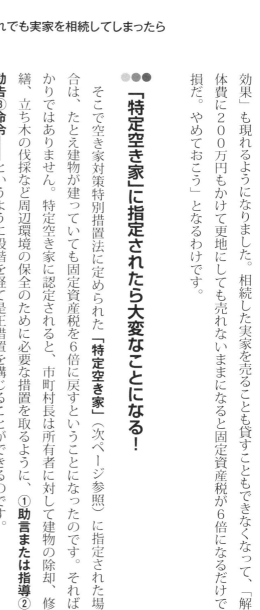

は所有者の給与や財産を差し押さえて回収されることになります。「これは大変なことになった」と思われる方も多いのではないでしょうか？

「特定空き家」に指定されないためには？

相続した実家が「特定空き家」に指定されないためには、指定される要件を知り、そうならないための対策も知る必要があります。特定空き家指定要件は四つあります。

① そのまま放置すれば倒壊等著しく保安上危険となるおそれのある状態
② そのまま放置すれば著しく衛生上有害となるおそれのある状態
③ 適切な管理が行われていないことにより著しく景観を損なっている状態
④ その他周辺の生活環境の保全を図るために放置することが不適切である状態

では、この指定要件にかからないためにはどうすればよいのでしょうか？　人手不足は今や民間の専売特許ではなく、地方自治体はどこも人手不足ですし、ましてや慢性的な財政難に苦しんでいる自治体では「余計な仕事は増やしたくない」のが実情です。

誰も住んでいない空き家を巡回しては、どこにいるのかも分からない所有者に接触を試み、「建物の老朽化がひどくて危険です。何とか修繕してください」などと言って回る仕事は、ほとんどの自治体はやりたくないはずです。ではなぜ特定空き家が指定される事態が生じるのか？それは間違いなく近隣住民からの激しい苦情に突き動かされるからなのです。

だとすれば、それを逆手に取って対策をすればよいのです。①であれば「老朽化していて危険だけど、「著しく危険」とまではいえない程度まで最低限度の修繕・補修を施す、②も③も同じです。「著しく」とはいえない程度までの対策を取ることによって、行政担当者が近隣住民に対して「所有者が対応してくれたので、著しく不衛生とまでは言えなくなった」「著しく景観を損なっているとまで言えなくなった」という説明ができるようにしてあげればよいのです。

こうなる前に！
危険空き家の撤去――東京都葛飾区が行政代執行による撤去に着手した同区宝町の空き家（2016年3月3日）
写真／時事

抜本的な対策を取るには負担が大きいけれど、「ちょっとしたお化粧」をし、苦情がこないようにするには、それほど費用をかけなくてもできる場合が多いのです。

おわりに

私の実家は、大阪の中心部から電車で20分ほどの駅からバス便という立地にあります。父がつい最近亡くなり、その手続きなどで、しばらく実家に滞在していました。その間に挨拶回りや所用で近所をくまなく歩いて分かったこと、それは「近所にはお年寄りの一人暮らしや高齢の夫婦二人暮らしばかり」ということと、「老朽空き家が非常に多い」ということでした。空き家には「売り物件」や「賃貸募集」の看板や張り紙があるものの、それらはボロボロになっており、長期間ほったらかしになっていることがうかがえました。

私の母は、父亡き後の実家に一人で暮らしています。しかしながら、私自身は東京で仕事をしながら首都圏に暮らしています。幸い私の妹が実家のそばで分譲マンションを購入して住んでいます。この先、実家はどうするべきなのかについて、近い将来の自分自身の問題として切実に考えなければならないと感じています。「売るのか？」「貸すのか？」「壊すのか？」です。

二十数年間にわたって日本の不動産市場の変遷を見てきた私は、日本の人口が減少に転じるまでは、不動産は安全資産という考え方に違和感を覚えたことはありませんでした。しかしながら、日本の人口減少が顕著となり、ましてや超高齢社会と結婚数の減少など、「世帯数が減少する傾向」が歴然となってきた今、日本中で「家が余っている」ことは、統計数字でなくても、私が実家の周りで見た「現実の世界」でも明らかなとおりです。

実は、この本を書き始めてから、改めて日本の不動産市場を事細かに分析し、その将来見通しについて悲観的に考えざるを得なくなった私は、新築から17年間所有してきた「お気に入りの分譲マンション」を売却する決断をし、数カ月前に売却に至りました。その売却活動の中で、多数のお客様が我が家を見に来てくださり、たくさんのお話をする機会がありました。築17年といえどもとてもきれいに使ってきた内装や、周辺に商業施設が集積した便利な立地をほめてくださる方が多かったように思います。私は売り出し始めてから「いい値段ですぐに売れるだろう」と考えていました。しかしながら結果は正反対でした。すぐには売れずに比較的長い時間がかかった上に、売り出し始めた値段からはいくらか下げた値段でしか売れなかったのです。なぜでしょうか？　その答えは簡単です。見に来られたお客様には比較検討する物件が多数あり、なかなか決められなかったのです。同じような中古マンションが市場にたくさん出ていたのです。従って値段もおのずと下げざるを得なくなったのです。

自分の親が実家を所有している方々にとっては、それが大都市にあっても地方にあっても、実家の相続方法でもめたり、相続を押し付け合ったりしている間に不動産の価値が大きく下がっていくとしたらどうでしょう？　本来は親の残してくれる大切な財産であるはずの実家が「負の遺産」になってしまっては残念極まりないことではないでしょうか？　そうならないための対策を本書を読んで考えていただければ、これに代わる幸せはありません。

最後になりましたが、本書の出版にあたり、いろいろとアドバイスをいただいた芝大門法律事務所・弁護士の大脇茂様、株式会社一凛堂の稲垣麻由美様をはじめ多くの皆様のお力添えをいただきました。記して感謝申し上げます。

２０１７年10月

相続・不動産コンサルタント
ファイナンシャルプランナー　藤戸　康雄

【著者紹介】
●藤戸 康雄（ふじと・やすお）
相続・不動産コンサルタント／ファイナンシャルプランナー
1961年生まれ、大阪府出身。ラサール高校〜慶應義塾大学経済学部卒業。大手コンピューターメーカー、コンサルタント会社を経て、バブル崩壊後に大手住宅ローン保証会社で不良債権回収ビジネスに6年間従事、不動産競売等を通じて不動産・金融法務に精通。その後、J-REIT黎明期にREIT上場準備会社、世界最大級外資系不動産投資ファンドのアセットマネージャー、不動産投資ベンチャーの役員等、大小数々の不動産企業において不動産金融・不動産法務の最前線で活躍して25年が経過。アパート2棟と自宅不動産を東京都内に所有する妻の実家で相続が発生。それを契機にアパートオーナー等の不動産相続の大変さに気づき、相続・不動産コンサルタントを目指す。現在、１級ファイナンシャルプランニング技能士・公認不動産コンサルティングマスター、宅地建物取引士。

「負動産《ふどうさん》」時代《じだい》の危《あぶ》ない実家相続《じっかそうぞく》
知《し》らないと大損《おおぞん》する38のポイント

2017年11月30日　初版発行

著　　者　藤戸 康雄
発 行 者　松永　努
発 行 所　株式会社時事通信出版局
発　　売　株式会社時事通信社
〒104-8178　東京都中央区銀座5-15-8
電話03(5565)2155　http://book.jiji.com

STAFF
編　　集　舟川 修一(時事通信出版局)
編集協力　島上 絹子(スタジオパラム)
表紙・本文デザイン　清水 信次
イラスト　手塚 由紀
企画協力　NPO法人企画のたまご屋さん

印刷／製本　中央精版印刷株式会社

ISBN978-4-7887-1535-6　C0033　Printed in Japan

インバウンドの罠——脱「観光消費」の時代

姫田　小夏　著

◆四六判　三〇四頁　一五〇〇円（税別）

ポスト「爆買い」の外国人観光／「国民ファースト」を忘れた日本の「おもてなし」／クルーズ船は〝地方経済の宝船〟ではない／日本のインバウンド市場を攪乱する「闇の中国資本」／「爆買い」の次は「爆住」か？／生活圏に闖入してくる外国人——このままでよいのか！〝外国人客4000万人誘致〟観光立国へ地道誘致のススメ

現役女子のおカネ計画——「いきいき余生」と「ビンボー老後」

井戸　美枝　著

◆四六判　二〇〇頁　一五〇〇円（税別）

仕事も結婚も出産も、女性が自由に人生をデザインできる時代。保険、子育て資金、住宅資金、年金、投資、老後資金などを中心に、それぞれのライフプランに合わせた〝人生100年時代を生き抜くお金の知恵〟を、経済エッセイストの著者がわかりやすく伝授します。

60+PLUS「老い」の技法——アクティブ・シニアを支える便利な暮らしの道具

浜田　きよ子　著

◆四六判　二八八頁　一八〇〇円（税別）

「できなくなった」を「できる」に変える！　いくつになっても毎日の生活が基本。自身の老いとうまく付き合うために、お気に入りの道具と出合う。